大国小康路

徐恒杰 ○ 著

1921
—
1949
—
1978
—
2012
—
2020

重庆出版集团 重庆出版社

图书在版编目(CIP)数据

大国小康路 / 徐恒杰著. 一重庆:重庆出版社,2020.9
ISBN 978-7-229-15192-8

Ⅰ.①大… Ⅱ.①徐… Ⅲ.①小康建设—研究—中国 Ⅳ.①F124.7

中国版本图书馆CIP数据核字(2020)第140945号

大国小康路
DAGUO XIAOKANG LU

徐恒杰 著

责任编辑:徐 飞 李 茜
责任校对:廖应碧
装帧设计:重庆出版社艺术设计有限公司
书名题字:孙峻峰

重庆出版集团 出版
重庆出版社

重庆市南岸区南滨路162号1幢 邮编:400061 http://www.cqph.com
重庆出版社艺术设计有限公司制版
重庆豪森印务有限公司印刷
重庆出版集团图书发行有限公司发行
E-MAIL:fxchu@cqph.com 邮购电话:023-61520646
全国新华书店经销

开本:890mm×1240mm 1/32 印张:7 字数:150千
2020年9月第1版 2020年9月第1次印刷
印数:1~30 000
ISBN 978-7-229-15192-8
定价:49.00元

如有印装质量问题,请向本集团图书发行有限公司调换:023-61520678

版权所有 侵权必究

序　言

全面小康在即
民族复兴可期

曾业松[1]

看了徐恒杰同志的书稿，第一感觉是《大国小康路》的书名颇有意涵，它既包含着"大国"的国情，也包含着"小康"的目标。更重要的是，作者试图通过叙述中国农村改革发展的历程，重点聚焦那些重大的制度变革、关键的政策制定、典型的人物事件，展示人民群众在中国共产党领导下为实现全面建成小康社会目标而奋斗的轨迹和不同阶段的截面，揭示中国特色社会主义道路的成功秘诀，为探究小康命题交上一份自己的答卷。

2020年是脱贫攻坚决战决胜之年、全面建成小康社会收官之年。我们要向人民、向世界、向历史兑现所作的庄严承诺，这是举世瞩目的讲好中国故事的大好契机。在此背景下，

---

[1] 曾业松，中国领导科学研究会副会长，《中国领导科学》杂志总编辑，中共中央党校研究室原巡视员、副主任。

《大国小康路》的推出很及时，也很有意义。

一是有助于了解中国全面建成小康社会的过程，加深对中国特色社会主义道路的理解。1979年12月，邓小平同志首次提出了"小康"概念，1986年6月，他又进一步指出："所谓小康社会，就是虽不富裕，但日子好过。"此后，邓小平同志不断丰富深化小康社会内涵和战略意义的阐述，设计了"三步走"的现代化发展战略。全面建成小康社会是中国社会主义现代化建设的重要一步，这些年来，一直作为全党全国人民努力实现的首要发展目标和坚强的战略意志。特别是2012年后，党和国家为实现全面建成小康社会的目标，打响了脱贫攻坚战，其力度之大、规模之广、成效之显著、影响之深远，前所未有、世所罕见。正如同《庄子·内篇·人间世》所说，"其作始也简，其将毕也必巨"。本书从"小康社会"的由来，说到全面建成小康社会目标的达成，历史跨度大，涉及问题多。但重点是围绕解决好农业、农村、农民这个"重中之重"和"短板"的问题，展示党和国家为实现全面建成小康社会目标提出的一系列理论创新和战略部署；围绕不同阶段农村改革发展的风风雨雨，展示党领导人民攻坚克难的曲折过程和思想智慧；围绕一个个事件、一个个人物，介绍中国实践，讲好中国故事，展示中国人民艰苦奋斗的精神面貌和发展成就，潜移默化地传递党和政府探索中国特色社会主义道路的自信，加深人们对中国特色社会主义道路的科学性认识。

二是有助于了解中国全面建成小康社会的艰辛和成功奥

秘，增强建设社会主义现代化强国的信心。1997年，党的十五大报告提出"两个一百年"奋斗目标。党的十八大以来，党中央领导广大农民"脱贫困、奔小康"，把打赢脱贫攻坚战作为全面建成小康社会的"最后一公里"和标志性指标，摆到治国理政的突出位置，提出精准扶贫新思想新方略，不断开创扶贫脱贫新局面。本书浓墨重彩叙述脱贫攻坚战和精准扶贫的推进过程，多视角多维度介绍感人肺腑的脱贫典型，既展示中国减贫脱贫的巨大成就，也揭示打赢脱贫攻坚战的宝贵经验，有益于长国人的志气，振国人的雄心。2017年，党的十九大报告全面擘画建成社会主义现代化强国的时间表、路线图，要求在2020年全面建成小康社会、实现第一个百年奋斗目标的基础上再奋斗30年，把我国建成富强民主文明和谐美丽的社会主义现代化强国。大家都明白，这个宏伟的目标愿景令人向往。但是还应该知道，我们现在消除的是以解决温饱为衡量底线和标准的绝对贫困，进入全面小康社会时代之后，高标准治理相对贫困的任务依然任重道远。在社会主义现代化强国建设前进路上还会有更多难以想象和预料的困难与挑战。好在我们经过全面小康社会建设的实践，经历了考验，积累了经验，完成建设社会主义现代化强国的伟大任务将充满信心。

三是有助于读懂中国，传承中华文明，坚定乐观地走向未来。本书开篇引经据典，解读"小康"含义，阐述小康社会理想是中华民族千百年来的梦想，承载着天下百姓对美好生活的追求与向往。由此，启发人们深入思考，进而会发现在中国源远流长的农耕文化里,从孔子的富民思想、屈原的"美政"理念,到朱熹的"足食为先"、康有为的大同之道,无论是"民亦劳止,汔可小康"的憧憬、"五谷丰登,物阜民康"的企望,还是"安得广厦千万间,大庇天下寒士俱欢颜"的情怀、"无处不均匀,无人不饱暖"的期待,都说明历代先贤富民强国的追求从未停止,上下几千年的历史就是一部富民强国的奋斗史。这为当代中国"共同富裕"和"全面发展"理论奠定了思想基础,成为激发中国人民为实现民族复兴而奋斗的精神力量和内在动力。与此同时,进一步引发人们深入思考:经历过屈辱和辉煌的中华民族,几千年坚持一个理想信念,朝着既定方向跋涉前行,待到愿望实现时继续向前追求更高的目标,这是一个思想、信念多么坚定的民族,意志、毅力多么强大的民族。再来看国际上一时甚嚣尘上,某些人所鼓吹的"中国威胁论""中国崩溃论"等论调,是多么肤浅可笑。可以想见,这些谬论必将被中华文化包容深厚的磅礴力量和中国不断进步强大融于世界的历史事实彻底粉碎。

我与徐恒杰同志相识已30余年,深知其为人做事既求上进,也踏实谨慎。本书的主题在写作过程中还是进行时,作者能提前着手回顾探索、总结研究,进取精神和前瞻眼光显而易见。作者颇为扎实的新闻素养和评论功底,自然为本书增色不少,一定程度上增强了思想性和可读性。作者在全面建成小康社会收官阶段推出本书,对全面小康这一重要主题作出及时的梳理与总结,向国人和全世界展示中华民族这一伟大成就,无疑具有重大的意义。当然,全面小康社会建设收官之后，无论宏观中观层面，还是微观层面；无论理论问题，还是实践问题，都还有诸多的重大问题值得沉下心来深入思考。那时如有必要，还可对作品加以完善、补充与修订。

2020年4月于北京

目 录

序言　全面小康在即　民族复兴可期 / 曾业松　　　1

序　章　历史使命所系　担当重于泰山　　　1
　　　　写在全面建成小康社会目标达成之际
　　　"小康社会"的由来　/ 4
　　　"全面建成"使命所系　/ 7
　　　脱贫攻坚重于泰山　/ 10
　　　重中之重仍须担当　/ 13

第一章　中华民族复兴之路的重要里程碑　　　17
　　　　实现第一个百年奋斗目标回眸
　　　"小康"不远，从未"全面"　/ 20
　　　中国共产党肩负历史重任　/ 26
　　　建设过程的曲折之路　/ 35
　　　中国特色社会主义道路新境界　/ 43
　　　人类反贫困史的独到成就　/ 50

第二章　城乡二元结构体制下的小康梦　　57
1978—1985年：改革初期政策红利与大面积脱贫

改革从农村开始　/ 60

解决温饱问题与缩小城乡收入差距　/ 74

乡镇企业发展与农村脱贫　/ 78

在扶贫领域定向发力　/ 83

第三章　高速增长背景下的共富工程　　87
1986—2002年：三步走战略实施初期的扶贫攻坚

开发式扶贫战略的形成　/ 89

首个国家扶贫攻坚计划　/ 94

农民工的形成与初步发展　/ 96

希望工程等社会扶贫项目兴起　/ 105

中国加入WTO及其相关影响　/ 111

第四章　构建新型工农城乡关系的必然选择　　117
2003—2012年：重中之重战略定位初期的扶贫成果

重中之重战略定位的确定　/ 119

农业特产税的取消及对农村脱贫的影响　/ 122

农民工深度融入工业化城镇化建设　/ 132

重新审视贫困问题与脱贫难度　/ 138

第五章　聚焦脱贫目标　构筑协同发力大格局　　141
2013—2020年：十八大以来的精准扶贫与脱贫攻坚

小康不小康，关键看老乡　／ 144
精准扶贫，精准脱贫　／ 151
立下愚公移山志　打赢脱贫攻坚战　／ 156
不获全胜，决不收兵　／ 168

第六章　"不忘初心、牢记使命"永远在路上　　173
后全面小康时代"三农"问题的解决之道

脱贫攻坚是乡村振兴的前哨战　／ 175
巩固全面小康成果与跳出"中等收入陷阱"　／ 185
传承发展提升中华农耕文明　／ 190
办好农村的事情，实现乡村振兴，关键在党　／ 196

参考书目 ／ 206

后记 ／ 209

序章

历史使命所系
担当重于泰山

写在全面建成小康社会目标达成之际

消除贫困，自古以来就是人类梦寐以求的理想，是各国人民追求幸福生活的基本权利。

在21世纪第三个十年的起步之年，千百年来困扰中华民族的绝对贫困问题将历史性地画上句号，我们将全面建成小康社会，实现第一个百年奋斗目标。

在这承上启下的历史交汇之年，新年伊始，中国遇上了罕见的新冠肺炎疫情，注定要让人们对这不平凡的年份增加强烈的记忆。

在以习近平总书记为核心的党中央坚强领导下，全国人民经过两个多月的协作抗疫，国内已经呈现确诊病例零新增、疑似病例零新增的良好状态，在外防输入、内防反弹的态势中开始逐步恢复生产生活秩序。

拨开新冠肺炎疫情的迷雾，我们将继续努力并见证，古老中国初步完成现代化进程，向着实现中华民族伟大复兴的中国梦迈进一大步。

中国实现现行标准下所有贫困人口脱贫，达成全面建成小康社会的目标，不仅是中国历史上亘古未有的伟大跨越，也提前10年实现联合国2030年可持续发展议程确定的减贫目标，是中国对人类社会的伟大贡献。

中国共产党领导的新中国，在数十年间实现了持续发展，提升了整体国民的生活水平，让8亿多人口摆脱了贫困。从坚持党对扶贫攻坚的领导到实施精准扶贫精准脱贫,从构建大扶贫格局到激发贫困群众内生动力……当代中国脱贫攻坚的伟大实践,也向世界贡献了减贫脱贫的中国智慧。

"小康社会"的由来

期盼富裕起来,过上屋舍俨然、丰衣足食、老有所养、壮有所用、幼有所教的美好生活,是中华民族千百年来的梦想,也是中国梦的应有之义。

小康,是中国古代思想家描绘的中庸社会理想,也承载着数千年来百姓对于美好生活朴素的追求与向往。《诗经·大雅》中"民亦劳止,汔可小康",寓意轻徭薄赋,让百姓过上小安康乐的日子。近代中国的太平天国起义军在其纲领性文件《天朝田亩制度》中,展示出一幅颇为具体的小康图景:"凡分田,照人口,不论男妇。……凡天下田,天下人同耕。务使……有田同耕,有饭同食,有衣同穿,有钱同使,无处不均匀,无处不饱暖也。"其中有的条款非常细致:"凡天下每家五母鸡,二母彘,无失其时。"《天朝田亩制度》比较系统地体现了小农理想,在中国乃至世界农民战争史上是无与伦比的。但是,连每家养鸡养猪的数量都规定了,纯粹是小农的眼界、小农的理想。

而"小康社会"是改革开放的总设计师邓小平首次提出的,与古人表达的"小康"含义有一定关联,但"小康社会"

是一个现实意义很强、战略意义重大的国家阶段性发展目标，是用于阐释中国现代化发展战略的一个概念。

1979年12月6日，邓小平会见时任日本首相大平正芳时说："我们要实现的四个现代化，是中国式的现代化。我们的四个现代化的概念，不是像你们那样的现代化的概念，而是'小康之家'。"①这是邓小平首次提出20世纪中国现代化建设的目标是达到小康。1982年，党的十二大正式确立了这个战略目标。1983年初，邓小平视察江苏、浙江和上海等地，归纳和提炼这些地方奔小康的新鲜经验，初步提出了小康社会理论的基础框架。此后，在全面改革开放的伟大实践中，小康社会理论不断丰富。1987年，邓小平提出中国现代化建设"三步走"的发展战略，完整地描绘出从新中国成立到21世纪中叶100年间中华民族百年图强的宏伟蓝图，即：第一步，从1981年到1990年，国民生产总值翻一番，实现温饱；第二步，从1991年到20世纪末，再翻一番，达到小康；第三步，到21世纪中叶，再翻两番，达到中等发达国家水平。

1987年10月，党的十三大把邓小平"三步走"的发展战略构想确定下来，成为全党全国努力实现的发展目标。

在1995年提前实现邓小平同志提出的"翻两番"目标，到20世纪末全国实现总体小康已成定局的情况下，1997年9月，党的十五大对即将到来的新世纪的目标做出了这样的规划：展望下世纪，我们的目标是，第一个10年实现国民生产总值比2000年翻一番，使人民的小康生活更加宽裕，形成比

---

①《邓小平文选》（第二卷），人民出版社1994年版，第237页。

较完善的社会主义市场经济体制；再经过10年的努力，到建党100年时，使国民经济更加发展，各项制度更加完善；到21世纪中叶新中国成立100年时，基本实现现代化，建成富强民主文明的社会主义国家。

党的十一届三中全会之后，以邓小平为核心的党中央纠正脱离实际的"左"倾思潮，大力推进改革开放，中国共产党带领全党全国人民以经济建设为中心，奠定了瞄准建设小康社会的目标不断取得成就的基础；党的十八大以来，以习近平总书记为核心的党中央"不忘初心、牢记使命"，带领全党全国人民用钉钉子精神切实抓好脱贫攻坚工作和三农发展补短板工作，高质量地完成各项任务，确保如期实现全面建成小康社会目标的达成。

40余年来，中国在取得全面建成小康社会宏伟成果的同时，党的建设也得到加强，全国人民的凝聚力空前提高，中华民族跳出了黄炎培同毛泽东主席谈的"其兴也勃焉，其亡也忽焉"历史周期率，呈现出不断持续发展的美好前景。

今天，中国的全面建成小康社会，相比于古人的朴素愿望，乃至邓小平同志当初的设想，无疑有着更为丰富的内涵，涉及经济、政治、文化、社会和生态文明各领域。中国"小康社会"构想的伟大之处，在于把发源于中国几千年传统的朴素美好愿望与现代化建设的宏大蓝图结合起来，构成了符合中国国情的、具备可行性的发展目标。它超越中国古代的朴素理想，也非按发达国家水平制定的过高目标，而是在中国这样一个人口大国，经过努力在一定时期可以达到的恰当发展目标。

正是邓小平同志和一代代中国共产党人对国情的准确把握和科学预判，将"小康社会"作为中国这一时期的发展目标，才使脱贫工作稳步推进，全面小康渐近达成。从这个角度看，中国走上这样一条大国小康路是难能可贵的正确抉择。

"全面建成"使命所系

有的朋友会说，全面建设小康社会涉及包括城市居民在内的全国人民方方面面生活内容，为什么本书好像主要在说农村的扶贫脱贫问题和"三农"（农业、农村、农民）发展问题呢？

这是因为，在新中国成立后，"三农"在提供农产品供给的同时，长期处在为工业化城镇化建设积累发展资金的地位，自身发展严重不足，特别是农民生活普遍比较困难，城乡差距较大。实施改革开放之际，全国贫困人口绝大多数是农民，尤其是西北西南地区，农村发展基础整体上严重滞后。改革首先从农村开始，正是基于这一情况。迄今为止，伴随国民经济的发展进步，农村扶贫脱贫工作一直在进行，因为这是国家发展的短板。

基于上述原因，在1998年人均国内生产总值（GDP）达到800美元以上，全国实现了总体小康的基础上，国家要实现全面小康，工作重点就是在强化农业基础地位的同时解决好扶贫脱贫工作，补上农村发展的短板。为了让全党全国充分重视协力解决这一问题，从2003年起，中央提出把解决好农业、农村、农民问题作为全党工作的重中之重。

这一工作是艰巨而持久的，也正因如此，全面小康的实现才特别有意义。本书所述及的全面小康以及后全面小康的发展，也因而聚焦于扶贫脱贫工作和"三农"发展。

以党的十一届三中全会为标志的改革开放，开启了新中国富强之路的新征程——中国特色社会主义道路。邓小平关于中国特色社会主义的一个重要思想是：让一部分人、一部分地区先富起来，以带动和帮助落后的地区，根本目标是实现共同富裕。建成小康社会是这一根本目标的一个阶段性目标。

2002年11月召开的新世纪首次全国党代会——党的十六大提出要优化"低水平的、不全面的、发展很不平衡的小康"，要全面建设小康社会。

党的十六大明确了新世纪前20年全面建设小康社会的奋斗目标，使建党100年时要达到的目标更加精准，并由此把解决"三农"问题摆在了国民经济和社会发展的更加突出的重要位置。

2012年11月，党的十八大强调，如期全面建成小康社会任务十分艰巨，全党同志一定要埋头苦干、顽强拼搏。国家要加大对农村和中西部地区扶持力度，支持这些地区加快改革开放、增强发展能力、改善人民生活。鼓励有条件的地区在现代化建设中继续走在前列，为全国改革发展作出更大贡献。

2015年11月，在全面建成小康社会进入决胜阶段、脱贫攻坚进入冲刺阶段之际，中央召开了扶贫开发工作会议。这是党的十八届五中全会后召开的第一个中央工作会议，充分体现了党中央对扶贫开发工作的高度重视。会上，习近平总书记从战略和全局高度，深刻阐述了推进脱贫攻坚的重大意义，为确保到2020年农村贫困人口实现脱贫，对当前和今后一个时期脱贫攻坚任务做出精准部署，明确了新时期扶贫开发工作的大政方针、目标任务、总体要求。

2017年10月，习近平总书记在党的十九大报告中强调："让贫困人口和贫困地区同全国一道进入全面小康社会是我们党的庄严承诺。要动员全党全国全社会力量，坚持精准扶贫、精准脱贫，坚持中央统筹省负总责市县抓落实的工作机制，强化党政一把手负总责的责任制，坚持大扶贫格局，注重扶贫同扶志、扶智相结合，深入实施东西部扶贫协作，重点攻克深度贫困地区脱贫任务，确保到2020年中国现行标准下农村贫困人口实现脱贫，贫困县全部摘帽，解决区域性整体贫困，做到脱真贫、真脱贫。"

在新中国已有30年的物质积累和道路探索取得正反两方面经验的基础上，改革开放40余年来，中国在取得更大程度的发展前提下推进8亿多人口实现了脱贫；全球范围内每100人脱贫，就有70多人来自中国。脱贫工作力度之大、规模之广、成效之显著，前所未闻、世界罕见。

党的十八大以来，以习近平总书记为核心的党中央高度重视脱贫攻坚工作，使9899万贫困人口精准脱贫，平均每年减贫规模都在1000万人以上,相当于欧洲一个中等国家人口规模。

到2019年年底,全国还有551万贫困人口,贫困发生率由2012年的10.2%降至0.6%。

2020年,全国所有贫困县都将脱贫摘帽,易地扶贫搬迁建设任务基本完成,最后一批贫困群体达到"两不愁三保障"的生活水平,全国疆域内的绝对贫困现象将进入历史。这标志着中国这样14亿人口的大国将实现全面建成小康社会目标,完成实现中华民族复兴的中国梦的重要一步。

我们党信守向人民做出的承诺,使广大党员干部自觉把为人民创造幸福美好生活作为神圣使命,为脱贫攻坚营造了有利的政治氛围,为全面小康社会的如期实现提供了坚强保障。

脱贫攻坚重于泰山

中国共产党成立近百年来,中国逐步实现了从半殖民地半封建社会到民族独立、人民当家作主,从新民主主义革命到社会主义革命,从高度集中的计划经济体制到充满活力的社会主义市场经济体制,从封闭半封闭到全方位开放的历史性转变,社会主义经济建设、政治建设、文化建设、社会建设以及生态文明建设取得重大进展。当前,在综合国力大大提升的背景下,实现全面小康,又谱写了中国特色社会主义的崭新篇章。

全面小康社会的建设，是承载着中华民族百年梦想的一次"惊险的跳跃"，其成功与否取决于能否攻克全面建成小康社会的薄弱环节。而这些薄弱环节，集中地体现在农村贫困地区的贫困人口能否摆脱绝对贫困这一问题上。

"小康不小康，关键看老乡。"把解决好"三农"问题作为全党工作的重中之重，把完成脱贫攻坚任务作为全面建成小康社会的底线目标，是全面建成小康社会的必由之路。只有农民实现全面小康，党的十八大提出的第一个百年奋斗目标才能实现，习近平总书记提出的中国梦才能成真。

全面建成小康社会的目标，是中国特色社会主义经济、政治、文化、社会、生态文明"五位一体"全面发展的目标，是与加快推进现代化相统一的战略目标。从改革开放之初"三步走"战略中提出"人民生活总体上达到小康水平"，到党的十六大对"全面建设小康社会"做出具体论述，再到党的十八大要求2020年实现"全面建成小康社会"目标；从侧重于强调经济发展和人民生活水平提高，逐步扩展为"五位一体"的整体性发展目标，清晰地展现了我们党对于"小康社会"不断深化的认识过程。在此背景下，打赢脱贫攻坚战，不仅是重大的经济社会命题，而且是重大的政治课题。

改革开放40余年来，中国人民积极探索、顽强奋斗，走出了一条中国特色减贫道路。我们坚持改革开放，保持经济快速增长，不断出台有利于贫困地区和贫困人口发展的政策，为大规模减贫奠定了基础、提供了条件；坚持政府主导，把扶贫开发纳入国家总体发展战略，开展大规模专项扶贫行动，针对特定人群组织实施妇女儿童、残疾人、少数民族发展规划；坚持开发式扶贫方针，把发展作为解决贫困的根本途径，既扶贫又扶志，调动扶贫对象的积极性，提高其发展能力，发挥其主体作用；坚持动员全社会参与，发挥中国制度优势，构建了政府、社会、市场协同推进的大扶贫格局，形成了跨地区、跨部门、跨单位、全社会共同参与的多元主体的社会扶贫体系。我们坚持普惠政策和特惠政策相结合，先后实施《国家八七扶贫攻坚计划（1994—2000年）》《中国农村扶贫开发纲要（2001—2010年）》《中国农村扶贫开发纲要（2011—2020年）》，在加大对农村、农业、农民普惠政策支持的基础上，对贫困人口实施特惠政策，做到应扶尽扶、应保尽保。

党的十八大以来，在"全面建成小康社会"梦想的激荡下，党中央带领全党全国人民走上"全面深化改革""全面依法治国""全面从严治党"的道路。在这条道路上，以全面建成小康社会为目标，靠全面深化改革作动力、全面依法治国作保障，全面从严治党则起到关键引领作用。每一个"全面"都具有重大战略意义，又相互交织融合，勾绘出一幅崭新的社会主义中国的壮美图景。

一路凯歌伴风雨，中国步入了"全面建成小康社会"阶段。

拿世界上的人口大国做个横向比较，像中国这样的大国全面实现小康的，目前还绝无仅有。

全球如今共有14个国家人口超过1亿，分别是中国、印度、美国、印度尼西亚、巴西、巴基斯坦、尼日利亚、孟加拉国、俄罗斯、墨西哥、日本、埃塞俄比亚、菲律宾、埃及。这14个国家中，已经成为经济发达国家的只有美国和日本两个。但是，美国总人口3.2亿，不足中国的零头；日本总人口1.2亿，不足中国1/10。世界上所有经济发达体的人口都加在一起，大概是10亿人。因此，人口超过10亿的国家如何实现现代化，在世界上还没有先例可循。放眼世界各国，即使是发达国家，贫困问题也是长期以来未能解决的难题，所有国民全面实现小康以上生活水平的更是罕有。

所以，中国完成脱贫攻坚，实现全面建成小康社会是一件重如泰山的巨大成就。

重中之重仍须担当

实现全面建成小康社会的目标，我们的祖国踏上更加繁荣富强的新起点，人民的生活将更加幸福美好，中国特色社会主义必将进一步显示出巨大的优越性。然而，中国目前仍然有约40%人口居住在农村，农村户籍人口则仍然在一半左右，而且各地情况千差万别。要让人们普遍感受到攻坚"重中之重"的成效，仍然需要继续付出巨大努力。

全面建成小康社会、实现第一个百年奋斗目标之后，我们又要乘势而上开启全面建设社会主义现代化国家新征程，向第二个百年奋斗目标进军。在这一过程之中，解决好农业、农村、农民问题，促进三农事业与时代共同进步，实现城乡和谐发展，使中国现代化建设获得牢固的基础，仍然是至关重要的事情。

党的十九大综合分析国际国内形势和中国发展条件，把从2020年到本世纪中叶的发展分两个阶段来安排：第一个阶段，从2020年到2035年，在全面建成小康社会的基础上，再奋斗15年，基本实现社会主义现代化；第二个阶段，从2035年到本世纪中叶，在基本实现现代化的基础上，再奋斗15年，把我国建成富强民主文明和谐美丽的社会主义现代化强国。

在这一总体部署下，党的十九大首次提出实施乡村振兴战略，强调农业农村农民问题是关系国计民生的根本性问题，必须始终把解决好"三农"问题作为全党工作重中之重。要求坚持农业农村优先发展，按照产业兴旺、生态宜居、乡风文明、治理有效、生活富裕的总要求，建立健全城乡融合发展体制机制和政策体系，加快推进农业农村现代化。

新世纪以来，中国解决"三农"问题的探索进入了城乡统筹发展的轨道，改革开放以来持续时间较长的城乡差距不断扩大的趋势得以遏止并开始逆转，"三农"问题的解决呈现出光明的前景。目前，从全面实施乡村振兴战略高度着眼，实现"三农"发展的"强富美"还有艰巨的任务。

近年来，在党中央的坚强领导下，在国务院和农业农村部的有效推动下，中国在巩固和完善农村基本经营制度，深化农村土地制度改革，完善承包地"三权"分置制度，以及保持土地承包关系稳定并长久不变,深化农村集体产权制度改革,保障农民财产权益,壮大集体经济等方面已经有较大的进展。中国粮食产量多年来已稳定达到1.3万亿斤以上,确保国家粮食安全,把中国人的饭碗牢牢端在自己手中,这一底线任务始终牢牢守住。同时,构建现代农业产业体系、生产体系、经营体系,完善农业支持保护制度,发展多种形式适度规模经营,培育新型农业经营主体,健全农业社会化服务体系,实现小农户和现代农业发展有机衔接;促进农村一二三产业融合发展,支持和鼓励农民就业创业,拓宽增收渠道;加强农村基层基础工作,健全自治、法治、德治相结合的乡村治理体系;培养造就懂农业、爱农村、爱农民的"三农"工作队伍等方面的工作也在有条不紊地持续推进。

看今日之世界,有着14亿人口的大国在国际风云变幻中沉着应对、发声有力,底气首先源自中国农业用9%的土地养活世界20%的人口的奇迹。新世纪以来,我们把解决好"三农"问题作为全党全国工作的重中之重,出台了一系列"多予少取放活""强农惠农富农"政策……沿着打好脱贫攻坚战、实施乡村振兴战略的路径,中国农民在农业农村优先发展的新时代,必将迎来更加光辉灿烂的明天。

中华文明自古以来是农耕文明,中国的农业和农村因而是中华文化的命脉所系、源泉所在。在农业农村发展的支撑下,中华民族曾经创造了辉煌的历史。中国共产党一经成立,就把实现共产主义作为党的最高理想和最终目标,义无反顾肩负起实现中华民族伟大复兴的历史使命，团结带领人民进行了艰苦卓绝的斗争，谱写了气吞山河的壮丽史诗。无论时代怎样发展，农业永远是基础和刚需的产业；无论农业形态怎样变化，中华文明以农为根的基本格局不应也不会改变。相信神州上下在全面建成小康社会的基础上，会进一步深化农村改革，推进乡村振兴、城乡一体化发展，为实现中华民族伟大复兴的中国梦而昂扬奋进！

第一章

中华民族复兴之路的
重要里程碑

实现第一个百年奋斗目标回眸

1848年，马克思、恩格斯在《共产党宣言》中指出，当时"共产主义的幽灵，在欧洲游荡"，"共产主义已经被欧洲的一切势力公认为一种势力"，共产党人应该"向全世界公开说明自己的观点、自己的目的、自己的意图并且拿党自己的宣言来反驳关于共产主义幽灵的神话"了。

70余年后的1921年，共产主义被中国先进的知识分子接受，中国共产党秘密成立。

从那时起，中国共产党人发动并带领越来越广泛的中国人民进行了近100年不懈奋斗，使这个目前有14亿人口的东方大国经济实力居于全球第二位，人民全面过上小康生活，成为带动全球增长和维护世界和平的重要力量。中国实力、中国速度、中国道路、中国模式，显然已被各主要国家公认为"一种势力"了。

自1921年到2020年，百年间的世界东方，最引人探究的莫过于中华民族从屈辱沉沦到崛起复兴的历史命运；最震撼人心的莫过于中华民族从站起来、富起来到强起来的时代大势。

面对世界百年未有之大变局，中国以新时代全面建成小康社会的作为担当，在中华民族复兴之路和人类发展进步的征途上，刻写出鲜明而深刻的历史印记。

党的十五大报告首次提出"两个一百年"奋斗目标：到

建党一百年时，使国民经济更加发展，各项制度更加完善；到21世纪中叶新中国成立100年时，基本实现现代化，建成富强民主文明的社会主义国家。

此后，党的十六大、十七大均对"两个一百年"奋斗目标作了相应强调和安排。2012年，党的十八大描绘了全面建成小康社会、加快推进社会主义现代化的宏伟蓝图，向中国人民发出了向实现"两个一百年"奋斗目标进军的时代号召。"两个一百年"自此成为一个固定关键词，成为全国各族人民共同的奋斗目标。

站在实现第一个百年奋斗目标的时代节点上，回望历史，当然不只是回顾提出目标的20余年，还应回顾中国共产党成立百年来的奋斗史，甚至更长时段的历史；回望的也不应只是关键的事件与细节，还有思想的碰撞、融合与转变。

"小康"不远，从未"全面"

回望历史，丰衣足食的小康生活，一直是中国人民最朴素的愿望。

从孔子的富民思想、屈原的"美政"理念，到朱熹的"足食为先"、康有为的大同之道，历代先贤对富民裕民的追求从未停止。但是，有史以来，无论是"五谷丰登，物阜民康"的热切企望，还是"安得广厦千万间，大庇天下寒士俱欢颜"的深沉情怀，都从未全面地实现过。只有当今之世，在中国共产党的领导下，在继承五千年中华民族优秀传统的基础上，全国人民共同努力，全面建成小康社会，得以成就中国史无前例的伟大壮举！

1

中国是屈指可数的世界农业文明起源地之一，且在漫漫历史长河中发展从未间断。最新考古发现显示，中国最早的农业起源可以追溯到公元前1万年以前，与西亚的农业起源基本处于同一历史时期，到公元前8000—前7000年已经相当发达。

在今天北京的中国农业大学西校区一处草坪上，静静伫立着一座神农氏雕像。雕塑基座上有这样一行字："神农氏尝百草，种五谷，制耒耜，试水泉，教民稼穑泽上党太行，接济苍生润千秋万世。"塑像所刻画的这个恰如辛劳耕作之后，面容慈祥、手捧稻穗的老农，就是现在中国人共同的衣食祖先"炎帝"，他与"黄帝"一样已经成为中华民族始祖的化身。

据《史记》记载，在5000多年前轩辕黄帝时期，中国就已经开始种植大豆。中华先民在很早的时候就驯化了猪、牛、羊、马、狗、鸡等六畜。汉字中的"家"字便是由"房"和"猪"这两个汉字上下构成，说明古代中国农民遵从"无猪不成家"的道理。即便在当代中国农村，改变户户养猪的状况也只有短短的20年左右的历史，而在远离城镇的那些村庄，家家养猪还较为普遍，过年吃上自家养的肥猪仍然是那里的农民最为期盼的。

▲ 中国农业大学校园里的神农雕塑。(李茜、丁倩 摄)

  农业的产生和发展促进了人口繁衍,促进了人类定居、聚居生活乃至村落的形成。传说中有巢氏"构木为巢"、燧人氏"钻燧取火",人们在采集活动中孕育了原始的种植业,在狩猎活动中孕育了原始的畜牧业。据考古发现,在新石器时代的陕西渭河两岸,就已有村落聚居点3万多处。在今天的中国,仍然分布着60万个村庄、300多万个村落聚居点。村落的形态不但奠定了华夏文明的发展基础,而且对中国文化的形成和发展产生了非常深远的影响。

相对于原始人类纯粹靠自然界的四季产出随机觅食、寻找自然地形穴居生存的状态，农业时代的先民有人工窝棚居住，过上了种植业、畜牧业已初具雏形的村居生活，在一定程度上有了稳定的温饱保障。

2

从中国历史上看，虽然农业在断断续续地发展进步，老百姓的生活也不时有较长时期休养生息的和平时光，但由于战乱、自然灾害、瘟疫、苛政等的影响，生活水平总体上难以突破"民以食为天"的境界。

秦朝（前221—前206）末年，有个叫郦食其的人，很有学问。《汉书·郦食其传》记载，他曾经说过，"王者以民为天，而民以食为天"。这是"民以食为天"的最初出处。一个政权要维持其统治，让国家变得强大，就必须把老百姓的利益放在第一位，而吃饭问题对老百姓而言是最重要的。

"民以食为天"的现实性，中国人对吃饭问题极为深刻甚至是残酷的理解与认知，都来自于复杂的自然与历史变迁。中国历史上是传统的农业国，粮食供给在正常年份总体上是相对充裕的。但由于天气对农业生产影响深远，呈现出了大的气候变化与王朝的更替基本一致的奇特相关性。

科学家竺可桢为中国气象研究起到了奠基作用，他的《中国近五千年来气候变迁的初步研究》，帮助我们解开了中国数千年气候变化的规律。从竺可桢的研究中，我们会发现，

▲ 人勤春来早(剪纸)。(徐爱平 作)

数千年里中国的气候并没有一直变暖,也没有一直变冷,而是呈现出一定的周期性,每次波动的周期,历时约400年至800年。结合竺可桢的研究结论,我们可以将中国几千年的气候变迁与中国的历史结合起来,让我们去发现隐藏在历史背后的真实故事。

除了经济、政治等因素之外,气候的变化成为改变一个王朝命运的重要因素。殷商末期到西周初年、东汉末年到西晋、唐末至北宋初年、明末到清初的四次小冰河期,导致了中国灾荒连连。

根据专家的研究，前三次小冰河期，中国人口都锐减超过4/5；最后一次状况略好，主要得益于从美洲传来的土豆、玉米和红薯，但人口也减少了约一半。再加上历史上改朝换代时战乱不断，粮食产销分布不平衡，各类史书和地方志中出现"赤地千里，饿殍遍野"的记录并不鲜见，令人不忍卒读。散见于各种史籍的这类记录，据粗略的不完全统计，尧舜时代1次，商朝1次，周朝3次，两汉15次，三国时期4次，西晋5次，南北朝时期4次，隋朝3次，唐朝20次，五代时期6次，宋朝8次，元朝1次，明朝25次，清朝14次，中华民国3次。

在半殖民地半封建社会的近代中国，农民起义军提出的社会理想虽然具有反封建的民主主义因素，却同近代化的社会趋向背道而驰。以救世主自居的康有为在《大同书》中提出的构想，也缺乏科学性、可行性，只能作为一种美好的愿望留在文献中。正如毛泽东指出："康有为写了《大同书》，他没有也不可能找到一条到达大同的路。"[1]事实上，农民战争、维新运动乃至旧民主主义革命运动，虽然有着重要历史地位和作用，但都不能推翻封建社会和半殖民地半封建社会秩序，也就不能真正实现小康。

有饭吃，既是满足人们最基本的生存需要，也是保障社会规则能够运行的基准条件。"民以食为天"成为中国人的信条，乃是从无数残酷的历史事实中淬炼而来。历史也证明，解决中国人的吃饭问题并不容易，这在任何时候都是对中国

---

[1] 毛泽东：《论人民民主专政》，载《毛泽东选集》第四卷，人民出版社1960年版，第1476页。

执政者的基本考验。从这个角度讲,粮食安全问题始终是中国的头等大事,在此基础上带领全国人民过上更好的生活,是今天执政的中国共产党的重大责任。

在中国共产党领导下,中国近14亿人不仅实现了粮食和主要农产品自给,并在此基础上全面建成了小康社会,实现了中华民族世世代代没有完成的梦想,可以说是中国数千年未有之伟大成就,也为全球发展作出了极大贡献。

中国共产党肩负历史重任

"起来!饥寒交迫的奴隶;起来!全世界受苦的人……"

这是流传了130多年的《国际歌》里的号召。

起来干什么?不是做一般的事,是要干一件大事:打倒旧的不合理的世界,建设一个新的世界。

建设什么样的新世界?是所有人都不再饥寒交迫、不再受苦的理想世界——共产主义社会。

为了这件大事,真的有很多人前赴后继地去努力。最先觉悟的最坚定努力的还不是饥寒交迫受苦的人,而是一批本来可以衣食无忧却为追求真理和理想社会而改变人生轨迹的知识精英。

努力成就这件大事的探索,最初是在法国,后来到了俄国、中国……

1917年11月7日,中华民国驻俄公使刘镜人给国内发回一封电报:

"近俄内争益烈,广义派势力益张,要求操政权,主和议,并以暴动相挟制。政府力弱,镇压为难,恐变在旦夕。"[1]

这是最早向国内传递的俄国十月革命即将发生的信息。当时,刘镜人例行公事对北洋政府外交部进行情况报告,并不知道震撼整个20世纪的重大历史事件正在他眼皮底下发生:11月6日夜间到11月7日上午,20多万革命士兵和起义工人迅速占领了彼得格勒的各个战略要地。7日上午10时,俄国革命军事委员会散发了列宁起草的《告俄国公民书》,宣布临时政府已被推翻,政权已转归苏维埃。

次日,刘镜人再发一报:"广义派联合兵、工反抗政府,经新组之革命军事会下令,凡政府命令非经该会核准,不得施行。昨已起事,夺国库,占车站……现城内各机关尽归革党掌握,民间尚无骚扰情事。"[2]

这是人类历史上第一次胜利的社会主义革命,建立了第一个无产阶级领导的社会主义国家,开辟了人类探索社会主义道路的时代。

马克思主义的科学理论和北方邻国实践中的榜样,为中国人民点亮了前进的灯塔。毛泽东在《论人民民主专政》中说:"十月革命一声炮响,给我们送来了马克思列宁主义。"

1

1921年7月,中国共产党在上海成立。

---
[1] 金一南:《苦难辉煌》,作家出版社2015年版,第6页。
[2] 金一南:《苦难辉煌》,作家出版社2015年版,第6页。

中国共产党刚建立时，只有五十几名党员，这些党员差不多都是手无寸铁的文人。这个新型组织成立伊始，也可说是个贫困的组织，想要做事往往捉襟见肘。

虽然一大党章提出建立"革命军队"，可是既没有指挥员，也没有地盘，还没有钱。陈独秀担任中国共产党的书记后，马上感到无活动经费之难。

当时党的中心工作是工人运动。北方工运据点长辛店工人补习学校的经费靠募捐所得甚少。李大钊从月薪中拿出80元（每月收入的1/3）作为活动经费，义务教学的学生党员有人甚至当了衣服，但补习学校仍难以维持，急需中央拨款。

1921年10月4日，法租界巡捕房发现陈独秀行踪，便到寓所将他逮捕并搜去《新青年》杂志等印刷品。经国民党要人孙中山、张继等为其说情，上海共产党组织的李达、张太雷等人也奔走营救，巡捕房才称付几千元保释金便可放人。这时的中共党员多是穷教员或穷学生，谁也拿不出这笔钱，只好请马林动用了共产国际拨给的几千元活动经费。得到释放的陈独秀就此深切感到，中共在自身没有财政收入的情况下外援十分重要，便同意参加共产国际并接受经济帮助。

就这样，在马克思主义理论指导下成立的中国共产党，在共产国际的指导和资助下，开始义无反顾地担负起为人民谋幸福为民族谋复兴的历史使命。

从1840年到1921年，世界主要资本主义国家在第二次工业革命推动下逐步进入帝国主义阶段，资本输出与瓜分世界的竞争加剧，对半封建半殖民地的中国的掠夺造成中国军阀割据，经济失调，民不聊生。在此背景下，洋务运动、维新变法、太平天国运动、辛亥革命……无数仁人志士的各种抗争与探索，都是希望寻找中国现代化的路径，获得走向现代世界的"入场券"。然而，不触动封建根基的改良主义自强运动、旧式的农民战争、资产阶级民主革命，以及照搬西方资本主义的其他种种方案，都没能把农民的革命积极性充分调动起来，因而都没能完成救亡图存和反帝反封建的历史任务。

1921年后，在中国共产党的领导下，广大农民逐步成为民主革命的主体，积极参与了农村包围城市的革命战争，为推翻三座大山的压迫、成立新中国作出了突出贡献，使一个东方文明大国重焕生机，使全体中国人面对世界获得了民族尊严。

2

中国共产党及其军队为什么能够从弱小状态不断壮大，最后战胜强大的敌人？原因有很多，而能够发动群众并获得占人口90%的农民群众的支持是根本的力量所在。

著名的"半条被子"的故事非常典型地反映了中国共产党及其军队与最广大人民群众——农民的关系。在纪念红军长征胜利80周年大会上，习近平总书记在重要讲话中提到了长征途中发生的"半条被子"的感人故事：在湖南汝城县沙洲村，3名女红军借宿徐解秀大娘家中，临走时，把自己仅有的一床被子剪下一半给老人留下了；老人说，什么是共产党？共产党就是自己有一条被子，也要剪下半条给老百姓的人。

这则最早由《经济日报》记者罗开富在1984年重走长征路经过沙洲村时,通过年过八旬的徐解秀了解到的真实历史片段,发生在1934年11月6日。故事具体展现了中国共产党及其军队在生死攸关的艰难时刻,与农民同舟共济的深沉情怀,让人们看到了具有崇高信仰的共产党人与人民群众水乳交融的鱼水情谊!

还有一则彭德怀元帅的故事,很能够让人明白部队战斗力的关键所在。

解放战争期间,时任《华北人民日报》记者吴象,奉派到太原前线采访。事后看,解放太原战役是解放战争时期唯一由两位元帅坐镇、多位将军指挥的难度极大的一个攻城战。攻城前夕,他在前线指挥部突然见到了彭老总。吴象记述了当时彭德怀脱口而出的一段发人深省的讲话。

当时,吴象得知彭总是从西北前线到河北石家庄附近的西柏坡参加七届二中全会后,毛泽东主席让他顺路到太原前线看看,等太原战役结束再带部队回西北。彭总到达太原,先到榆次峪壁村去看望病中的徐向前。此前,在解放太原攻克东山的战役中,徐向前躺在担架上在前线指挥作战,因为身体虚弱过度疲劳,肋膜两次出水,胸背疼痛,才到村里治疗休息。他们会见时,徐向前向彭总介绍了攻打太原的部署和准备情况,希望他留下指挥攻城,拿下太原后再走。彭总表示同意。总前委报请中央军委批准后,事情就这么定下来了。

1949年4月5日,彭总参加在大峪口村召开的传达七届二中全会精神和部署攻城的总前委扩大会议。当晚看演出,演出前彭总应邀即席讲话。他走到第一排前面，扫视一下会场后说："本来想打完太原再同你们开会讲的，既然你们催着我讲，我就先给你们捎个信。我这次是专门到太原来的，打完太原，就要带你们几个兵团去参加野战军的序列，去解放大西北！谁也不要怕没有仗打！"一句话引起了全场热烈的掌声。

接下来，他突然话锋一转，提出了一个问题：

"你们成为指挥员，因为你们作战英勇，有功，有突出的贡献。但是你们想过没有？战争中还有许多更英勇、更积极的分子，最积极的分子，最优秀的分子，最有贡献的分子，他们都不在了，牺牲了。没有他们，就没有一次又一次的胜利，也就没有我们的今天。我们高兴的时候，受表扬、受尊敬的时候，一定不能忘记他们，时刻想着我们是他们的代表，是代表他们的。这样我们才能英勇无敌，无往不胜，否则就是忘了本，就不配做革命的战士！"①

这些话说完，会场一片肃静，官兵无不为之动容，随后终于爆发出一阵极为热烈的掌声。

共产党人不仅代表自己，还代表在革命征途中已经牺牲的战友，这种深沉的情怀可说是"不忘初心、牢记使命"的一种情感表达。

3

1949年新中国成立，在全国范围内开展土地改革和农业

---

①张敬东：《杜润生他们》，中国国际文化出版社2011年版，第116页。

社会主义改造之后，逐步完成对手工业和资本主义工商业的社会主义改造，从而为社会主义制度的初步建立奠定了基础。

在中国这样的大国探索建立社会主义制度，是没有先例可循的。在探索过程中，我们走了一些弯路，但人民群众依然坚信中国共产党的领导和社会主义的发展方向。党和国家的主要缔造者毛泽东同志，始终努力做到他所倡导的"两个务必"，是一个重要的原因。

"两个务必"是毛泽东同志在党的七届二中全会上提出的，要求全党在胜利面前要保持清醒头脑，在夺取全国政权后要经受住执政的考验，务必使同志们继续保持谦虚、谨慎、不骄、不躁的作风，务必使同志们继续保持艰苦奋斗的作风。胡锦涛同志曾在革命圣地西柏坡发表重要讲话，要求全党同志一定要牢记毛泽东同志倡导的"两个务必"，发扬艰苦奋斗的工作作风。2013年7月11日，习近平总书记也在西柏坡发表讲话，再次强调"两个务必"。

毛泽东同志的艰苦奋斗精神，在他的一件遗物——一条带补丁的裤子的故事中得到集中的反映。

在韶山毛泽东遗物馆陈列着这样一条裤子：乍一看，笔挺的裤腿，整齐的裤头，看不出与别的裤子有什么不同。可若是凑过去仔细看，就会发现有些不寻常——在臀部位置打着很大的一圈又一圈罗纹补丁，补得很精致。1954年8月，英国工党领袖、前首相艾德礼率工党代表团访华，工作人员看见毛泽东正穿着这条补丁西裤要见外宾，赶紧劝他换一条。谁知毛泽东不以为然地说："不要紧，哪个看我后面咯！"就这样,毛泽东主席穿着这条补丁裤子会见了外宾。

从1953年到1962年,毛泽东主席没有做过一件新衣服,工作人员看到他的衣服破了,劝他换件新的,他说:"我们国家穷,发的布票少,你不也穿着补丁衣服吗?我为什么就不能穿?因为我是主席?我看还是应该节省点,不要做新的,破了再补补嘛!"毛泽东主席还告诫大家:"没有条件讲究时不讲究,这一条容易做到;经济发展了,有条件讲究时,仍然约束自己不讲究,这个难以做到。我们共产党员就是要做这难以做到的事,这就是始终保持勤俭节约、艰苦奋斗的优良作风。"[1]

毛泽东主席是这么说的,也是这么做的。在他去世后所遗留的全部现金财产里,只有工作人员找到的7张新中国成立初期发行的人民币。其中,5张旧版,2张新版,合计不到今天的10块钱。

4

1978年党的十一届三中全会后,邓小平同志以巨大的政治智慧和远见,推动了解放思想,推进了改革开放。农村改革所带来的巨大活力和示范作用,为中国的全面改革奠定了坚实的基础,并以持续的发展和繁荣重塑了民族自信。

邓小平同志的智慧和远见,与延安时期毛泽东同志不计个人荣辱,勇于听取群众意见推行精兵简政的精神气质是一

---

[1] 徐伯黎:《毛泽东穿补丁裤子会见外宾》,载《检察日报》,2015年11月17日第8版。

脉相承的。

延安时期,从1940年10月起,国民党停发八路军的军饷,同时实行断邮等封锁政策,造成当时环境下陕甘宁边区外援的大部断绝,边区财政极度困难。虽然边区大生产运动已经在开展和发挥作用,但农民的负担还是明显地加重了。

1941年6月3日,边区召开县长联席会议讨论征粮问题。突然天下大雨,电闪雷鸣,延川县一位姓李的干部遭雷击身亡。同时,一位农民的一头驴也被雷电击死。这个农民逢人便说:"老天爷不睁眼,咋不打死毛泽东?"事后,保卫部门要处分这个农民,毛泽东阻止了。毛泽东后来说:"那年边区政府开会时打雷,垮塌一声把李县长打死了,有人就说,哎呀,雷公为什么没有把毛泽东打死呢?我调查了一番,其原因只有一个,就是公粮太多,有些老百姓不高兴。那时确实征公粮太多。要不要反省一下研究研究政策呢?要!"[1]此后,除了加强已经开展的边区干部士兵以农业为中心的大生产运动外,1941年8月,中共中央通过了《关于实施调查研究的决定》,精兵简政等措施也在考虑之中。

1941年11月,陕甘宁边区二届一次参议会期间,毛泽东把一份议案整个抄到了自己的本子上,重要的地方还用红笔圈起来,并且加了一段批语:"这个办法很好,恰恰是改造我们的机关主义、官僚主义、形式主义的对症药。"[2]毛泽东所

---

[1] 韩晓青:《精兵简政"是一个极其重要的政策"》,载《学习时报》,2018年3月12日第5版。

[2] 韩晓青:《精兵简政"是一个极其重要的政策"》,载《学习时报》,2018年3月12日第5版。

说的这个"对症药",就是精兵简政。这份议案,就是李鼎铭等11人提出的精兵简政议案。

边区参议会结束后不久,1941年12月4日,中共中央发出了《为实行精兵简政给各县的指示信》,要求切实整顿党、政、军各级组织机构,精简机关,充实连队,加强基层,提高效能,节约人力物力。陕甘宁边区政府根据中共中央的指示,先后在边区进行了三次精兵简政,取得了很大成效。

毛泽东后来提到精兵简政这项政策时曾说:"'精兵简政'这一条意见,就是党外人士李鼎铭先生提出来的;他提得好,对人民有好处,我们就采用了。"[①]

中国共产党为人民和民族的担当,从历史中走来,曾经诸多曲折和坎坷,却不曾片刻丢弃担当。

不忘初心,牢记使命。当前,我们在新时代中国特色社会主义道路上,正在完成全面小康社会攻坚收官阶段的建设,也同样离不开以习近平总书记为核心的中国共产党的坚强担当,离不开全国人民的积极响应,离不开广大农民的辛勤实践与创造,离不开农业和农村的同步发展。

建设过程的曲折之路

1949年10月1日,中华人民共和国成立,中国人民从此

[①] 毛泽东:《为人民服务》,载《毛泽东著作选读》,人民出版社1986年版,第587页。

站起来了。新中国百废待举,中国人民在中国共产党的带领下开始了国家建设。建设历程是曲折的,出现过"左"倾路线、自然灾害等种种坎坷。在中国共产党的领导下,中国人民战胜了重重困难,新中国在艰难险阻中曲折发展。

1

新中国成立后,党领导的人民解放军在两三年内根绝了匪患,使国内出现了历史上从未有过的安定局面。这样,就彻底结束了旧中国一盘散沙的状态,彻底废除了外国列强强加给中国的不平等条约和帝国主义在中国的一切特权,开启了不断发展壮大、走向民族复兴的历史进程。

新中国之"新",不仅在于国号之新、山河之新,更在于打破一个旧世界、建设一个新世界的气象之新。但是,刚刚成立的新中国所面对的,却是在半殖民地半封建时期,相当落后的整体经济水平下,久经战乱、满目疮痍的烂摊子。毛泽东在他著名的文章《论十大关系》中这样描述当时的情况:"我们一为'穷',二为'白'。'穷'就是没有多少工业,农业也不发达;'白'就是一张白纸,文化水平、科学水平都不高。"

对老百姓来说,生活条件的"穷",更是不言而喻的。据估计,当时中国国民财富总额在41亿元至200亿元之间,其中农业占70%—80%,而当时的人口数量有4.4亿左右,农民占90%左右。

新中国成立之初,中国在当时的国际国内政治经济环下，建立了计划经济体制，在城市确定了优先发展资金密集型重工业的战略。为了推行社会主义计划经济体制，国家采取了一系列措施：首先，没收国民党官僚资本，建立和发展了坚实的国营企业；其次，通过在农村建立高级合作社，对资本主义工商业实行利用、限制、公私合营以及对城市、集镇的个体手工业实行工业合作化等社会主义"三大改造"，形成了经济成分单一的公有制（国营或集体）和计划经济体制；再次，制定并实施第一个五年发展计划。这些努力对1949—1957年间中国经济的迅速恢复起到了积极的促进作用。

据《杜润生自述：中国农村体制变革重大决策纪实》介绍，在20世纪50年

▼ 学习苏联经验的海报。

代的农村合作化运动中，毛泽东主席曾几次说，合作化后，要争取达到和超过富裕中农的生活水平。1957年12月15日，毛主席在江苏省代会的讲话中提出，15年超英，30年赶美。1956年在党的八大预备会上，毛主席说，如果没有一个生产的大发展，又怎么叫社会主义的优越性呢？

1953年由于粮食出现严重短缺，中央做出一个重大决策：统购统销。这一政策伴随着合作化运动，彻底瓦解了农村的商业网络。1956年，中国农村基本全面实现了"合作化"。从1953年起计划15年完成的事情，3年时间就完成了。几年以后，中央以农工部"十年中没做一件好事"为由，彻底撤销了这个部。

据杜润生记述，"大跃进"时期，由于相信粮食亩产可达万斤，中国无论是吃、是用，还是酿酒，都无法处理那么多粮食，于是有人提出：只用耕地的1/3种植农作物，1/3休闲和种植绿肥，1/3种树种草。那时在北戴河的人们，白天游泳，晚上跳舞，一派乐观气氛。这种以理论可能性代替现实可行性的情况，使得探索社会主义建设的道路增加了曲折和坎坷。

"耕者有其田"，是世代农民的理想。无论是封建时代的农民起义，孙中山领导的旧民主主义革命，还是中国共产党领导的新民主主义革命，都把"耕者有其田"写在自己的旗帜上，而只有中国共产党才真正兑现了自己的承诺，圆了农民的田地梦。然而，在苏联经验的影响下，超越发展阶段的人民公社制度的推行，打断了中国农民的富裕之梦。"一大二公"的经营体制,不仅没有给农民带来"楼上楼下、电灯电话"的美好生活,反而使国民经济走到了崩溃的边缘。

2

曾几何时,中国人见面打招呼时,最常用的一句问候语是:"吃了么?"

这样的打招呼方式,不知道最早能考据到什么时候,至少在笔者1987年到北京开始职业生涯时,还是很惯常的表达。

现在看来,这相当于英语中的"How are you?"却是略带幽默诙谐的打招呼方式,其实最好地体现了一个事实:"吃饭"确实曾经是个问题。

怎么认识这样的问题?《习近平的七年知青岁月》一书中的这样一段情景,或许有助于现在人们的理解。现任中国医学科学院研究员、博士生导师雷平生,当年是和习近平一起到陕西延川梁家河大队插队的知青。2017年1月他讲述了这样一段当年的情景:

我们知青的劳动,除基建队的打坝、修梯田外,更多的是在农忙时上山干农活,生产粮食。每天一早四五点钟,天还黑着呢,我们就得起床出发。还得留下一个人,把一天的饭做出来。做的饭就是蒸玉米团子、高粱米团子,再熬点米粥,盛在一个罐子里,把饭送到山上去,供劳动的知青早上和中午吃。

我们知青当时的粮食比农村社员要宽裕一些，这是因为周总理听说陕北知青饿肚子、吃不饱时，就和陕西省、延安地区商量，决定对每一名知青分"一个半人"的口粮。再有，插队下乡的前半年，国家还给我们供应了6个月的国库粮，所以我们知青的粮食基本够吃，吃得也要好一点。我们能吃到蒸玉米团子、高粱米团子，老百姓当时只能吃糠窝窝。这种糠窝窝，当地老百姓也叫"糠团子"，就是推磨剩下的麸子或玉米皮之类的。团子是棕红色的，有些粗糙的捏在一起都很困难。

在山上吃饭的时候，我们知青吃的玉米团子是黄澄澄的，老乡一看，就说：你们知青吃的这是真粮食。近平拿起老百姓的糠团子一看，确实就差了很多，于是他就用他的玉米团子和老乡换饭吃。一起劳动的老乡……看他并不娇生惯养，而且把好一点儿的粮食分给老乡吃，自己主动吃糠咽菜，十分钦佩。那个糠团子，确实难以下咽，而且热量很少，不顶饿，吃完再干活，没一会儿就又饿了。有时候，近平感到饿得顶不住了，又打开老乡的那个饭包，想再拿块糠团子吃两口。结果发现，他换给老乡的玉米团子他们都放着没吃，近平就问春妈的[①]："你们咋都不吃玉米团子？"春妈的就坦白地回答说："你们给的这玉米团子是'真粮食'，窑里男人与孩子受苦更重，要给他们留着吃。"这件事给近平非常大的触动，老乡生活实在是太艰苦了。当时，城里有些人家，生活好一点儿的，平时吃细粮习惯了，不爱吃粗粮。但是在这里，

[①] 村民巩万发的婆姨，他们家的孩子叫"春"，陕北方言称"春的妈妈"为"春妈的"。——原书注

普通粗粮都舍不得吃，还要留给壮劳力。①

理性地看，这种情况出现的原因，一方面与新中国成立后面临被封锁乃至安全被挑衅的国际环境有关，国家不得不优先考虑发展国防工业，农业成为发展工业和城市建设所需资源的重要来源；另外一方面，则是由于农村"一大二公"的管理体制不能调动农民的积极性，粮食生产长期徘徊而处于短缺状态。

值得一提的是，广大农民在农村艰苦条件下的奉献，为国家工业化和国防建设奠定了基础，为我们建立起基本完整的工业体系，取得抗美援朝战争、对印自卫反击战、珍宝岛战役的胜利，取得"两弹一星"的成功，以及为国家进一步发展提供了必要的物质基础和资金积累。

同时，这个期间，国家的农田水利基本建设取得了明显的改善，为以后农业发展奠定了扎实的根基。比如河南林县（现林州市）红旗渠的建设，这是被国内外誉为人间奇迹的伟大的引水工程。20世纪60年代末，国外媒体报道，卫星发现中国的太行山上增添了一条"水长城"，说的就是红旗渠。20世纪70年代，周恩来总理曾自豪地告诉国际友人："新中国有两大奇迹，一个是南京长江大桥，一个是林县红旗渠。"②

"有了淠史杭，农业多收粮，战胜干旱显威力，灌区变成

---

① 中央党校采访实录编辑室：《习近平的七年知青岁月》，中共中央党校出版社2017年版，第23—25页。

② 郑林华：《"要干好一件事，应该无私无畏"》，载《北京日报》，2019年04月29日，第15版。

米粮乡。"淮河流域的溉史杭灌区也修建于这一时期,安徽、河南两省340万亩农田实现了自流灌溉,昔日赤地千里的贫瘠之地变成了鱼米之乡,时至今日,依然是全国重要粮食主产区。

1949—1977年间,中国农村依次经历了土地改革、农业生产合作化、人民公社三个阶段,国家建立了农村土地制度、农村分配制度和农产品流通制度等基本的农村经济发展制度。同时,还在农村生产力发展方面采取了一些有效措施。一是前面提到的,全国范围内开展的大规模基础设施建设、水利建设,有效地提高了农业生产率;二是建立了农村科技服务网络,在全国建立了4万多个农技推广站,一大批先进实用的农业技术得以应用和推广;三是建立了全国性的农村合作信用社,1978年时全国已经建立了35万个基层网点,累计为农民提供了1373亿元的农业贷款,极大地改善了农村金融服务;四是农村基础教育和农村基本医疗卫生事业快速发展,为农村人口的发展提供了有力的保障;五是初步建立了以社区"五保"制度和农村特困人口救济为主的农村社会基本保障体系,为农村无劳动能力人口和特困人口提供基本生活保障。

这些制度和措施对恢复农村经济和缓解农村普遍贫困起到了积极的作用,使得中国历史上出现了第一次大规模的贫困缓解。农业总产值指数在1952—1958年期间呈连续上升态势。但各种各样的政治运动、频繁发生的自然灾害以及重工业优先发展的赶超战略严重阻碍了当时国民经济发展,广大居民(特别是农村居民)的生活水平普遍低下,到1978年农村贫困人口还有2.5亿人,占当时农村人口的30.7%。

中国特色社会主义道路新境界

改革开放是"中国的第二次革命",其革命意义既体现在对阻碍生产力发展体制机制的变革上,也体现在对社会生活以及人们思想观念影响的深度和广度上,显示出社会主义制度的强大生命力。粮票、布票、肉票、油票、副食本、工业券等百姓生活曾经离不开的票证已经进入了历史博物馆,忍饥挨饿、缺吃少穿这些几千年来困扰中国人民的难题必将一去不返。

1

1982年的中央"一号文件",正式肯定了土地的家庭承包经营制度,结束了包产到户30年的争议,从此成为中央决策。

包产到户的合法性得到正式承认之后,农业生产出现超常规发展。1978年,全国粮食产量约3000亿公斤,一搞包产到户,到1984年,粮食就增加到4000亿公斤,农业总产值增长68%,农民人均收入增长166%。

自1982年开始,80年代的连续5个以农村发展为主题的中央"一号文件",推动农村改革工作开始迈开大步,每年都有新的成果,形成中国农村改革浓墨重彩的一段光荣业绩:1983年放活农村工商业;1984年疏通流通渠道,实行国家、集体、个人一起上的方针,多种经营并存创造以市场竞争促发展的新局面；1985年调整产业结构，取消统购统销；1986年增加农业投入，调整工农城乡关系，并由农村政策研究室等国家五单位共同提出今后10年增强农业后劲的8项建议。

1986年9月2日，邓小平接受美国哥伦比亚广播公司"六十分钟"节目记者迈克·华莱士的电视采访，在回答致富与共产主义的关系问题时指出，不能有穷的共产主义，同样也不能有穷的社会主义。致富不是罪过。但我们讲的致富不是你们讲的致富。社会主义财富属于人民，社会主义的致富是全民共同致富。社会主义的原则，第一是发展生产，第二是共同致富。我们允许一部分人先好起来，一部分地区先好起来，目的是更快地实现共同富裕。正因为如此，所以我们的政策是不使社会导致两极分化。我们不会容许产生新的资产阶级。我们的制度是以公有制为主体的，还有其他经济成分。

②

消除贫困、改善民生、逐步实现共同富裕，是社会主义的本质要求，是中国共产党的重要使命。国富是民族复兴的基础，雄厚的经济实力为国家军事、政治、文化等加快发展提供了基础，为全面摆脱贫困奔向小康社会创造了条件。

在探索实现共产主义理想的过程中，走得过快过急之后的教训，以及改革开放之后取得的经验，使得中国共产党人把实现理想的时间轴放得更长一些：十几代甚至几十代人的过程；把实现理想的任务轴划得更清晰一些：社会主义是共产主义的初级阶段,中国在相当长时期处于社会主义初级阶段,消除贫困实现共同富裕,是社会主义的本质要求,是中国共产党人的伟大使命。

1987年3月,邓小平认可了十三大报告拟以社会主义初级阶段作为立论根据的设计思路。

同年8月29日,邓小平会见意大利共产党领导人约蒂和赞盖里时指出,今年10月我们党要召开十三大,十三大归根到底是改革开放的大会,十三大要阐述中国社会主义是处在一个什么阶段,就是处在初级阶段,是初级阶段的社会主义。"社会主义本身是共产主义的初级阶段,而我们中国又处在社会主义的初级阶段,就是不发达的阶段。一切都要从这个实际出发,根据这个实际来制定规划。"[①]

1987年10月,党的十三大在北京举行,大会通过了十二届中央委员会所作的《沿着有中国特色的社会主义道路前进》的报告(以下简称《报告》)。《报告》阐明当代中国正处在社会主义初级阶段,规定了党在这个阶段的基本路线,即领导和团结全国各族人民,以经济建设为中心,坚持四项基本原则,坚持改革开放,自力更生,艰苦创业,为把我国建设成为富强、民主、文明的社会主义现代化国家而奋斗。

《报告》提出,把是否有利于发展生产力作为党在社会主义初级阶段考虑一切问题的出发点和检验一切工作的根本标准。《报告》确定20世纪后20年和21世纪前50年分三步走,基本实现现代化的战略目标,即:第一步,在20世纪80年代

[①]《邓小平文选》第三卷,人民出版社1993年版,第252页。

实现国民生产总值比1980年翻一番,解决人民的温饱问题;第二步,到20世纪末,使国民生产总值再增长一倍,人民生活达到小康水平;第三步,到21世纪中叶,人均国民生产总值达到中等发达国家水平,人民生活比较富裕,基本实现现代化。

《报告》指出,十一届三中全会以来开始找到建设有中国特色社会主义道路,这是马克思主义与中国实际相结合的过程中,继找到中国新民主主义革命道路、实现第一次历史性飞跃之后的第二次历史性飞跃。

1992年视察南方时,邓小平又进一步强调了初级阶段的长期性,多次发表谈话强调,我们搞社会主义才几十年,还处在初级阶段,巩固和发展社会主义制度,还需要一个很长的历史阶段,需要我们几代人、十几代人,甚至几十代人坚持不懈地努力奋斗,决不能掉以轻心。

党的十四大至十九大坚持了中国处于社会主义初级阶段的定位,并在此基础上结合当时的发展状况,一步步细化目标和路线进行战略部署。每一步部署,都把扶持贫困人口发展,补齐"三农"发展短板作为其中的重要内容。

(3)

改革开放积累的物质和精神财富,为实现中华民族伟大复兴提供了"加速度",也为脱贫攻坚尽快全面建成小康社会提供了强劲动力。

新中国成立以来,我们党带领全国人民持续向贫困宣战,从救济式扶贫到开发式扶贫再到精准扶贫，我们走出了一条中国特色扶贫开发道路。改革开放以来，特别是党的十八大以来，脱贫攻坚战力度之大、规模之广、影响之深前所未有。

中国经济总量在世界上的排名，改革开放之初排在第十一位；2005年超过法国，居第五位；2006年超过英国，居第四位；2007年超过德国，居第三位；2009年超过日本，居第二位。2010年，中国制造业规模超过美国，居世界第一位。我们用几十年时间走完了发达国家几百年走过的工业化历程。这样的速度、这样的时间，在一个十几亿人口的大国取得这样的成绩，是人类经济史上不曾有过的奇迹。这样的奇迹，使尽快促进全国范围内脱贫，实现全面小康社会的可能性大大增强。

摆脱贫困需要"一把钥匙开一把锁"。从"晴天一身土、雨天两腿泥"，到"走田埂、爬陡坡"，无数扶贫干部在"精"字上下功夫、在"准"字上谋实招，用苦乐自知的"辛苦指数"，换来写在群众脸上的"幸福指数"：

湖南湘西十八洞村，扶贫工作队一山一水勘实地、挨家挨户访实情，引导年轻人搞乡村旅游、中老年人养牛羊、留守妇女做传统苗绣、村集体成立矿泉水厂……短短几年，昔日贫穷落后的苗寨旧貌换新颜。

云南怒江独龙江乡，退休"老县长"高德荣借山就势，带领干部群众大力发展林下经济，成立果草种植培训基地，助推独龙族整族脱贫，一跃跨千年……

"百色是脱贫的主战场，我有什么理由不来？这是我的使命。"广西百色扶贫干部黄文秀主动请缨回到家乡,投身脱贫攻坚第一线,30岁的年轻生命永远定格在了扶贫路上。

贵州三都水族自治县阳基村扶贫干部丁永华,即便生前多次被警告血压过高,但他却说:"没有谁不惜命,唯有共产党人不怕死。"

……

栽下"摇钱树",走上致富路,一项项惠民政策唤起群众千百万、同心干,一大批贫困群众生产生活条件明显改善、获得感明显提升。

"站好了,看笑哩多美,来,拍一张!"2019年12月4日上午,随着手机

▲ 河南省孟津县城关镇狮子院村王根法在脱贫仪式上。(梅占国 摄)

照相"咔嚓"一声响,留下了河南省孟津县城关镇狮子院村贫困群众王根法幸福的笑容。和他一同被录记下这一幸福瞬间的,还有同村另外7户贫困户。这一天,是他们光荣脱贫的日子。

截至2020年3月5日,2019年申请摘帽的贫困县,中西部22个省区市中,河北、山西、内蒙古、黑龙江、河南、湖南、海南、重庆、四川、贵州、西藏、陕西、甘肃、宁夏、新疆15个省区市的242个贫困县已宣布脱贫摘帽。其中,河北、山西、内蒙古、黑龙江、河南、湖南、海南、重庆、西藏、陕西10省区市的贫困县实现了全部脱贫摘帽。

美籍历史学家龚忠武在《中国向农村的贫穷开战》一文中写道,中国广大的农村是中国社会的基础,从古到今,谁能够解决农民问题,谁就能使中国长治久安;与贫困群众结对子、认亲戚,解决他们的操心事、烦心事、揪心事,党员干部工作作风为之一新,基层党组织战斗堡垒更加坚固。

龚忠武对中国脱贫攻坚过程的赞赏,透着一份旁观者的冷静。

近8年来,累计有290余万名扶贫干部奔赴脱贫攻坚战场,700多名扶贫干部倒在冲锋路上,用生命兑现了党旗下的誓言。在这份沉甸甸的名单中,有大学教授、县委书记、县长,也有乡镇干部、驻村第一书记、大学生村官、乡村医生、退伍老兵……他们以自己的青春、热血乃至生命,铸就了新时代共产党人的精神丰碑。

为人民谋幸福、为民族谋复兴。以决战决胜脱贫攻坚、实现全面建成小康社会的不朽业绩,迎接中国共产党的百年华诞,是庄严的承诺,更是历史的召唤。

百年大党的初心使命,正在决胜脱贫攻坚全面建成小康社会的历程中,得以淬炼升华。14亿人口的大国全面建成小康社会的壮丽事业,必将是中华民族复兴之路的重要里程碑。

人类反贫困史的独到成就

早在20世纪50年代,毛泽东主席就豪迈地提出:"中国应当对于人类有较大的贡献。"以后的历届中央领导人对此都有进一步的论述。改革开放以来,中国在消除国内贫困上充分彰显了中国特色社会主义制度的优越性,也为人类减贫事业作出了重要贡献。

1978年,中国人均GDP是230美元,是当时世界上最贫穷的国家之一。到2007年,中国收入水平大幅度提高,人均GDP达到2600美元,仍然是中低收入水平。到2019年底,我们人均GDP已经略超1万美元,达到中高收入水平。同时,经过有力的脱贫攻坚工作,贫困人口数量已经由2012年的9899万减少到2019年年底的551万,贫困发生率由10.2%降至0.6%。到2020年,脱贫攻坚精准收官,中国即将告别贫困县、贫困村、贫困户,实现规划已久的全面小康。

据中国人民大学中国扶贫研究院汪三贵院长介绍,联合国的可持续发展目标,是使极端贫困人口到2030年下降到3%

以下的水平。中国到2019年年底极端贫困人口基本上接近零，比联合国目标提前了10年。应该讲，中国的减贫，对全球的减贫作出了巨大的贡献。这个贡献不仅体现在我们的贫困人口大幅度减少，同时带动全球的贫困人口减少；另外，我们也创造了我们的扶贫模式与经验，其他的发展中国家至少可以借鉴。

改革开放40余年来，中国在减少贫困人口、提高居民生活质量方面取得了重大进步。按照农民年人均纯收入2300元（2010年不变价）扶贫标准，农村贫困人口从1978年的7.7亿人，到目前已基本全部脱贫。中国减少的贫困人口占全球减少贫困人口的70%以上，同时为全球减贫事业贡献了中国智慧和中国方案。中国扶贫工作的巨大成就，显著提升了中国的软实力，彰显了中国共产党领导的政治优势和社会主义制度优势，更加坚定了"四个自信"。

中国共产党和中国政府历来高度重视扶贫工作，新中国成立以来特别是改革开放40余年来，中国共产党带领全国人民走出了一条中国特色扶贫开发道路，取得了举世瞩目的扶贫成就。中国人民创造了人类减贫史上的中国奇迹，加速了世界减贫进程。这既是中华民族进步的重要标志，也是人类反贫困史上的独到成就，是中国对人类发展进步作出的卓越贡献。

改革开放40余年来，在长期的扶贫开发实践中，中国积累了许多宝贵的扶贫工作经验。根据业内专家的总结，这些经验集中体现在以下七个坚持：

一是坚持党的领导,发挥制度优势。不断加强和改善党对扶贫工作的领导,建立强化中央统筹、省负总责、市县抓落实的工作机制,省市县乡村五级书记抓扶贫。实施跨部门的扶贫工作协调机制,按照中央扶贫工作重大决策部署制定政策举措,组织实施项目。国家建立扶贫工作组织领导机构,不断提升扶贫工作队伍的能力。全面强化贫困地区农村基层党组织领导核心地位,切实提升贫困村党组织的战斗力。充分利用各种传媒手段,为扶贫工作营造良好舆论氛围。建立最严格的考核制度,督促各地、各部门落实扶贫工作责任。

二是坚持改革开放,将扶贫工作纳入经济社会发展总体布局。改革开放40年来国民经济健康快速增长,为大规模减贫奠定了物质基础。国家在制定经济社会发展中长期规划的过程中,始终把促进区域协调发展、缩小居民收入差距作为重要目标。"十三五"国民经济社会发展规划单独编制了脱贫攻坚子规划。上世纪90年代中期以来,连续制定《国家八七扶贫攻坚计划(1994—2000年)》《中国农村扶贫开发纲要(2001—2010年)》《中国农村扶贫开发纲要(2011—2020年)》三个中长期扶贫规划,分阶段明确扶贫对象、奋斗目标、主要途径、政策措施、组织保障,持续推进扶贫事业。

三是坚持与时俱进,分阶段确定扶贫标准和目标任务。从国情出发确定扶贫标准,是制定国家扶贫战略和政策体系的前提和基础。随着我国国民经济社会发展和居民收入水平的普遍提高,国家根据贫困人口特征变化,先后三次确定扶贫标准,让改革和发展成果惠及更多贫困群众。现行贫困标准在基本生存需求以外，考虑了教育、卫生、住房等发展需要。根据发展不平衡的状况，制定了"各省（自治区、直辖市）可根据当地实际制定高于国家扶贫标准的地区扶贫标准"的政策。每一次标准调整后，国家规划的目标任务都是逐步减少该标准下的贫困人口。

四是坚持精准方略，采取有针对性的扶持措施。改革开放以来，我国农村减贫的驱动力量包括制度变革、经济增长拉动、普惠政策覆盖、专项减贫计划，针对不同阶段的主要致贫因素，这些措施发挥不同作用。党的十八大以来，随着农民生活水平普遍提高、贫困人口的大幅减少，党中央明确提出了实施精准扶贫、精准脱贫的基本方略，要求做到扶持对象精准、项目安排精准、资金使用精准、措施到户精准、因村派人精准、脱贫成效精准，根据致贫原因分类施策，通过发展生产脱贫、转移就业脱贫、易地扶贫搬迁、社会保障兜底、教育扶贫、健康扶贫、生态扶贫、资产收益扶贫等途径脱贫致富，解决好扶持谁、谁来扶、怎么扶、如何退的问题。

五是坚持广泛参与，形成了跨地区、跨部门、跨领域的社会扶贫体系。组织实施东西部扶贫协作，逐步形成东部省市对口帮扶中西部省区市的工作格局，同时动员全国支援西藏、新疆南疆四地州和四川、云南、甘肃、青海四省藏区。组织开展党政机关定点帮扶贫困县，探索完善行业扶贫政策的有效方式。鼓励支持各类企业、社会组织、个人参与脱贫攻坚，促进不同社会阶层之间的相互交流。

六是坚持开发扶贫，激发贫困地区贫困人口的内生动力。实施开发式扶贫方针，把扶贫开发作为脱贫致富的主要途径，鼓励贫困地区广大干部群众发扬自力更生、艰苦奋斗的精神，在国家和社会各方面扶持下，以市场需求为导向，依靠科技进步和组织创新，通过发展产业、转移就业、生态建设、扶贫搬迁、危房改造等多种途径，实现脱贫致富。改善贫困地区交通、水利、电力、通讯等基础设施，提高发展水平，为贫困群众脱贫致富创造条件。发展贫困地区教育、卫生、社保等社会事业，为贫困人口建设覆盖各方面的安全网。注重扶贫与扶志扶智相结合，深入细致做好群众的思想工作，摆脱思想贫困、意识贫困。

七是坚持合作共赢，携手共建人类命运共同体。消除贫困是人类的共同使命，我们注重加强减贫领域国际合作与交流。中国政府积极响应联合国千年发展目标和2030年可持续发展议程，在减贫目标的实现上作出积极贡献。改革开放之初，我们引进国际资金、项目和经验，促进国内扶贫事业发展。进入新世纪后，中国在致力于自身消除贫困的同时，积极开展南南合作，发起"一带一路"倡议，力所能及向其他发展中国家提供不附加政治条件的援助，支持和帮助广大发展中国家特别是最不发达国家消除贫困。在中非、中拉和中国东盟合作框架内，开展考察、培训交流等项目，加强与发展中国家的合作，共同促进减贫事业。

以上七个坚持，构成中国特色扶贫开发道路的主要内容，是中国特色社会主义道路的重要组成部分，是全球减贫事业的中国智慧和中国方案。不同政治倾向的国际组织,不同社会制度的国家,对于中国扶贫开发的成就和经验都给予高度肯定,认为中国创造了有利于贫困人口的发展模式,所形成的经验值得学习借鉴。[①]

历史正在铸就,百年奋斗结出硕果,千年期盼终成现实。

全面建成小康社会、打赢脱贫攻坚战,意味着中华民族在实现伟大复兴进程中迈出了关键的一步。2020年,历史的里程碑在这里铭刻!

[①]中共国务院扶贫办党组:《创造人类反贫困历史的中国奇迹——改革开放40年我国扶贫工作的重大成就与经验》,载《求是》,2018年第18期。

第二章

城乡二元结构体制下的小康梦

1978—1985年：改革初期政策红利与大面积脱贫

邓小平说，我们的改革是从农村开始的……

改革的背景是固化农业农村为工业化、城镇化发展作贡献的城乡二元结构体制和一大二公的组织体系。

1958年1月，全国人大常委会第91次会议讨论通过《中华人民共和国户口登记条例》。这标志着中国以严格限制农村人口向城市流动为核心的户口迁移制度的形成，是新中国城乡二元结构形成或加深的重要起点。

以户籍制度为基础的城乡壁垒，在通过强制性粮食统购统销和工农产品剪刀差，将农业剩余转化为工业积累的同时，事实上将城乡两部分居民分成了附着不同社会保障水平的两种不同的社会身份。比如城市中的教育和基础设施，几乎完全是由国家财政投入的，而农村中的教育和设施，国家的投入则相当有限，有相当一部分要由农村自己来负担。这两种社会身份在地位上的差别，从城乡之间大体存在的事实上的不通婚上就可以看得出来。

1978—1985年，农业农村的制度性变革，开启了大规模缓解贫困的时期。

这一阶段，中国推行了一系列农村体制改革的战略性决策。以家庭联产承包责任制替代生产队体制，使得农民再次获得土地的经营权，激发了农民的生产积极性，促进了农业生产力的发展；以市场化为导向进行农产品价格形成机制和流通体制改革，放开了有关农产品价格和城乡农产品集市贸易；农村劳动力的非农化转移，促进了农村经济发展，提高了农民收入。

1978年12月，中国共产党第十一届三中全会通过的《中共中央关于加快农业发展若干问题的决定（草案）》第一次明确提出中国存在较大规模贫困人口。1984年9月，中共中央、国务院发出了《关于帮助贫困地区尽快改变面貌的通知》，反贫困作为国家的重要任务正式提上议事日程。

改革开放以来，在计划经济时期形成的城乡有别的户籍治理、劳动用工和社会福利制度已经有了很大程度的改革，但城乡居民在就业机会和社会福利水平上存在的差距还有进一步改革的空间。

无论如何，这些政策措施奠定了农村大规模减贫的制度和经济基础。

改革从农村开始

改革为什么会首先从农村开始？原因在于之前较长时期内，在重工业优先的工业化发展战略引领下，中国实行城乡户籍分开、粮食统购统销和粮票的制度设计，不仅造成了农业生产的长期缓慢增长，而且使农村人口被严格地禁锢在土地上，农业内部的剩余劳动力不断积累，农村劳动力就业极其不充分，不少农民生活相当贫困……

这些状况使得工农业之间的利益矛盾不断加剧，中国的城乡二元经济结构的问题日益显现，迫切需要改革以推动发展。

1

中国农村改革的一个标志性事件，发起于中国安徽省凤阳县一个默默无闻的小村庄——小岗村。

小岗村由于发生了农民自发搞包干到户的故事，早已被看作是新时期中国农村改革的实质性起点、农村土地政策发生又一次巨变的地方。

1978年以前的小岗村，特点就一个字——穷，属于"吃粮靠返销、生活靠救济、生产靠贷款"的"三靠村"。

如果靠不上怎么办？那就出去要饭。要饭要到什么程度？据村里的严立华老人回忆，"一年365天，300天讨饭"。那时的小岗村，是一个只有18户、115人的生产队，但因全村老小大部分都外出乞讨，其实是远近闻名的乞丐村。

这时候出现了一个历史性人物——严宏昌。1978年，他被生产队从在外打工的岗位上拉回来，希望他能够改变小岗村从来没完成过国家生产任务的窘状。回来后，是村里老人们的一个说法打动了他——"怀念1950年至1955年家家户户有土地的那段日子"。

简单的话语，却道出了农民的心声。

严宏昌暗想，要救小岗，只能把地分到各家手中。然而，在那个年代，即便只是简单地将这个想法说出来，也是件麻烦事，要承担巨大的政治风险。从1978年9月起，严宏昌在出工期间悄悄将这一想法和生产队里的其他人进行沟通。最终，以严宏昌答应"出来牵头"作为条件，18户人家才全部同意。

1978年11月24日下午5点多，18户的代表终于聚齐在严立华家里。之所以选在严立华家，是因为只有他家有前后两间房，妻儿在后屋睡觉，他们在前屋开会。

"我们赌过誓，连老婆孩子也不能说，谁说谁就不是人。"严宏昌回忆说。在纷纷杂杂地说了4个小时后，严宏昌拟下了这份改变历史的"生死状"，并带头摁下了红色的指印。

其他17户一家接一家地将自己的拇

▼ 大包干手印照片。

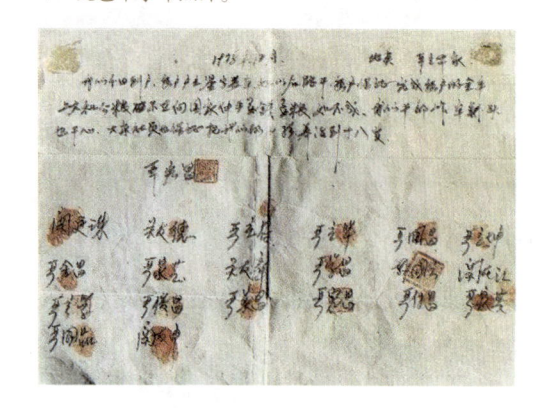

指压在了这张纸上。"生死状"的结尾写道："我们的干部坐牢杀头也甘心,大家也保证把我们的小孩养活到18岁。"所指的干部,即为严宏昌、严俊昌等人。后来,这张"生死状"被保存在中国历史博物馆,编号GB54563。

签下"生死状"的当晚,他们就将生产队里的种子、生产工具分到了18户村民,次日又分了田……

这就是中国农村改革史上著名的小岗村"大包干"。事件的核心,就是农业生产的基本单位落实到了农户,农民又一次真正成为土地经营的主人。

这样一个"冒天下之大不韪"的举动,竟意外地拉开了中国农村改革的序幕,也证明了农村改革势在必行。

1979年10月,小岗村打谷场上一片金黄,经计量,当年粮食总产量13.2万斤,相当于全队1966年到1970年5年粮食产量的总和。另外,油料总产3.52万斤,是过去20年产量的总和。

这一年,23年来吃救济粮的小岗村,破天荒地向国家交售公粮3万斤,交售油料2.5万斤,归还国家800元贷款和留下集体公积金之外,人均收入达到400元。

就在这18户小岗村民怀着忐忑的心情开始"大包干"后不久,1978年12月13日,在中共十一届三中全会前夕召开的中央工作会议闭幕会上,邓小平同志作了《解放思想,实事求是,团结一致向前看》的总结讲话。

他在这一讲话中指出:"解放思想,开动脑筋,实事求是,团结一致向前看,首先是解放思想……不但中央、省委、地委、县委、公社党委,就是一个工厂……一个生产队,也都要实事求是,都要解放思想,开动脑筋想问题、办事情。

"要学会用经济方法管理经济……在管理制度上,要特别注意加强责任制……在经济政策上,我认为要允许——部分地区、一部分企业、一部分工人农民,由于辛勤努力成绩大而收入先多一些,生活先好起来。一部分人生活先好起来,就必然产生极大的示范力量,影响左邻右舍,带动其他地区、其他单位的人们向他们学习……"

从讲话的字里行间,我们可以感受得到,当时已经74岁,恢复中共中央副主席、国务院副总理、中央军委副主席和中国人民解放军总参谋长职务不久的邓小平,在急切地呐喊和促进思想解放,希望各个方面包括生产队都能够实事求是地推动发展。

他或许想不到,在基层的生产队正有一群人以如此果决的方式探索促进生产的办法。

这一刻,最高决策层和基层农民的心,其实是相通的。

但是,在久经"宁要社会主义的草,不要资本主义的苗""左"倾思想影响的中华大地,要全面地实事求是仍然需要一个实事求是的过程。

2

1979年3月12日至24日,刚成立不久的国家农委召开了七省三县农村工作座谈会。这是一次专门讨论农业生产责任制的会议。七省为广东、湖南、四川、江苏、安徽、河北、吉林，参加会议的都是农口负责人。这几个省的领导对包产到户，有的坚持，有的反对，有的观望。三县是安徽全椒、广东博罗、四川广汉，都是进行过农村改革的。

座谈会召开在十一届三中全会和四中全会之间，正处在政策大转变的时期。全国各地在平反冤假错案，地主摘帽，"右派"甄别，落实干部政策；经济方面提出三年调整方针，同时准备经济体制改革。许多问题认识很不一致，老办法不行，新办法不明，大家思想准备又不足。会上有人提出：阶级、阶级斗争还讲不讲，阶级路线还要不要，学大寨还搞不搞？

面对这种情况，会议主持人、国家农委副主任杜润生，为避免主题分散，仍按会前的决定，集中讨论责任制问题，希望以此为突破口，带动其他。

对于生产责任制的讨论，又主要集中在两个问题上："包产到组"实行什么制度安排？对"包产到户"究竟应采取什么态度？

对于包产到组，三中全会关于农业问题的决议草案曾提到"也可以在生产队统一核算和分配的前提下，包工到作业组，联系产量计算劳动报酬，实行超产奖励"。会议围绕这个问题发生了争执，分歧主要在于是否允许把劳力、农具、土地、牲畜"四固定"，常年包到组。有的认为不能固定到组，认为那就是分队，是"三级所有"变成"四级所有"。有的主张不固定到组是行不通的，怎么联系产量？恰巧在这时，发生了"张浩事件"。

张浩是甘肃的一名干部,他到河南出差,在洛阳地区看到一些他不理解的情况,给《人民日报》写信,认为"包产到组、包产到户都是脱离群众,不得人心的"。国家农委主任王任重批示报社:态度要明朗,号召大家不要搞包产到户,已包的说服引导,回到集体经济。这个批示,正好在会议期间,于1979年3月15日,以加编者按的形式在《人民日报》头版发表,因而对四川、安徽等地的试验起了泼冷水的作用。

经过争论,座谈会的"会议纪要"中提出:现在存在的包括"常年包工包产到组"在内的几种办法,"只要群众拥护,都可以试行"。这样就确定了对包产到组的共识。除安徽外,广东、四川等地也反映有包产到户的,具体数量不详,只知道办法很多。发言中,赞成包产到户的人占多数。吉林省农工部部长史林琪、广东省农工部部长杜瑞芝,都极力主张对包产到户"开个口子"放开一点,尊重群众的选择。也有人怕口子一开就控制不住了。会议经过讨论,大家意见趋向要把口子开得更大一点。但是,王任重从外地回来后,在会上讲了集体经济的优越性,特别强调统一调配劳动力的优越性。

会议期间,3月20日下午,华国锋约见会议代表。他从农村形势讲起,指出:党的三中全会文件是正确的;当前突出的问题,是对毛主席的评价问题,对"文化大革命"的评价问题,对历史问题的看法;现在既有"思想不够解放的问题,也有不符合三中全会精神的问题"。对于包产到户,他举了湖南洞庭湖"双抢"的经验,证明组织起来分工合作可以提高新的生产力,集体经济还是优越的。但他也讲不要"一刀切"。3月22日王任重又到会讲话,说:"合作化几十年了,到底是好是坏?基本上是好的。"他们两位的态度都是多讲道理,允许自由讨论,并没有上纲上线。

这次会议产生的文件不得不妥协,说包产到户,不是统一经营,从这点讲接近单干,但不同于单干。对于群众搞包产到户,"如果一时说不服,也不要勉强去纠正,更不能搞批判斗争",这句话等于批准既成事实。

最后,华国锋同意"深山、偏僻地区的孤门独户实行包产到户,也应当许可"。1979年4月,中央批转了这个会议《纪要》,这是中央文件里第一次提出在一些特殊地区应当允许包产到户,为农村政策的进一步转变奠定了基础。

1979年9月,十一届四中全会通过了《中共中央关于加快农业发展若干问题的决定》。虽然其中提出,"除某些副业生产的特殊需要和边远山区、交通不便的单家独户外,也不要包产到户",但毕竟为包产到户开了口子。而且其中"可以按定额记工分,可以按时记工分加评议,也可以在生产队统一核算和分配的前提下包工到作业组"的表达,被总结为体现了对农业农村工作"可以……,可以……,也可以……"的灵活态度。

七省三县座谈会是"文革"后,首次把包产到户提到中央来讨论。从结果来看,满意的解决方案尚需时日。但思想已经解冻,禁区已经打开。

此后，华国锋又主持召开了一次中央会议，邓小平、李先念等出席。会上，杜润生介绍了一些农村现在的情况：有些地方包产到户，生产很好，群众欢迎。也发生了一些问题，比如河北赞皇县一带实行包产到户，因对林业政策缺乏事先安排，农民怕今后政策有变，先下手捞现货，砍了些树。另外就没有出现太大的问题。安徽全椒等地生产有发展，农民积极性高涨，社会安定。也有参会者指出：包产到户不宜提倡。华国锋再次用他在湖南"三夏"抢收抢种季节必须互助、合作的事例来说，非集体化不可。邓小平当场没有就此问题表态，他说，农村问题很多，一大堆，应该抓住主要的解决。他还说，贫困地区总得放宽政策。这为他而后支持包产到户留下伏笔。

3

1979年底，包产到户虽然还只是在全国个别地方试行，比重仅占9%，由于一些地方自发仿效，其数量在逐步增加，但在党内特别是在高级干部中间仍然有待统一认识。

到1980年以后，情况开始有了变化。

这年2月，十一届五中全会选举胡耀邦为中央书记处总书记。万里副总理接替王任重主管全国农村工作。4月，中央召开编制长期规划会议，这时姚依林副总理兼任国家计委主任，主持会议。他先召集中央几个综合部门的负责人，就会议准备解决的几个问题征求意见。

在讨论粮食问题时，姚依林副总理要国家农委杜润生先讲。杜润生说，贫困地区要调那么多粮食救济，交通又不便利，靠农民长途背运，路上就吃了一多半，国家耗费很大，农民所得不多。建议在贫困地区搞包产到户，让农民自己包生产饱肚子，两头有利。姚依林听后，立即表示赞成。

这次征求意见会后，姚依林到邓小平那里去汇报，胡耀邦、万里等在座。姚依林提到这个问题时说，工业、农业都要甩掉一些包袱，农委同志提到如甘肃、内蒙古、贵州、云南等地，中央调给他们粮食很多，是国家很大的负担。可不可以考虑，对这些地区，在政策上放得宽一点？地广人稀、经济落后、生活穷困的地区，索性实行包产到户之类的办法。让他们自己多想办法，减少国家的负担。

邓小平听后表示，赞成依林同志刚才讲的意见，在农村地广人稀、经济落后、生活穷困的地区，像西北、西南等，有的地方可以实行包产到户之类的办法。在编制长期规划的会议上，姚依林就把这个信息传达给了与会者。当时不让登报，也不上文件，知道的人不多，但对打开甘肃、云南、贵州等地的局面，起到了积极的作用。

1980年5月，邓小平在一次谈话中，赞扬了安徽肥西县的包产到户和凤阳的大包干，他说："农村政策放宽以后，一些适宜搞包产到户的地方搞了包产到户，效果很好，变化很快。""有的同志担心，这样搞会不会影响集体经济。我看这种担心是不必要的。我们总的方向是发展集体经济。实行包产到户的地方……只要生产发展了，农村的社会分工和商品经济发展了，低水平的集体化就会发展到高水平的集体化。""现在农村工作中的主要问题还是思想不够解放。"①

就在同一个月，国家农委根据全国长期规划会议精神，正式向中央作了《关于包产到户问题的请示报告》，提出允许在特殊困难地区实行包产到户。

邓小平的这两次讲话，预示包产到户可能成为中国经济改革的一个突破口。

4

此后一段时间，农村改革没有搞全党大动员，更多的是由各省区市领导掌握，各地按照各自的理解贯彻执行，允许群众选择，放弃命令式的硬推或硬纠的政策。一个重要举措是，允许"贫困区"率先实行包产到户，在安徽、贵州、内蒙古等省（区）内全面推行了。

1981年10月的一天，时任中央农村政策研究室主任的杜润生，正准备起草中央第一个"一号文件"的工作，接到国务院办公厅通知，要求出席国务院会议并发言。他没有想到，到会场一看有一两百人，各部的部长、非国务院系统的也都来了，实际上是个扩大会议。既然来了，杜润生只好放开讲，讲了以下几点：

第一，集体经济已难以维持，它最大的弊端就是把人捆

---

①《邓小平文选》第二卷，人民出版社1994年版，第315—316页。

死了。农民说不怕累，就怕捆。中国农民有了一点自由，是能够做出许多创造的；不给他自由，他有可能变成你的包袱，只想少出劳力，多挣工分。政府发救济粮款一天比一天多，贫困一天比一天多。这个包袱是继续背下去，还是放开手脚让劳动者自主创造财富呢？

第二，社会主义的目标是实现共同富裕，不是共同贫困。因为担心出现差别、两极分化，结果搞了绝对平均主义。除交政府购粮外，集体生产的剩余只够按人分配基本口粮，工分贬值起不到激励作用。生产总量增加很慢，人均分配量越来越少，最后变成糊口经济。这会引起恶性循环，城市里也是低工资，农产品只能低价格。在这种情况下，只能用票证控制分配，购物证券从粮票开始，发展到几十种产品都得用票，票证也变成种可交换的东西，货币化了。平均主义并不会真正彻底公平，有一部分特权分子则多吃多占（薄一波插话：那也是一种剥削嘛！）。与此同时，社队出现分空户（即工分不兑现，约占14%），拖欠户（约占31%）。如不改革，难以为继。

第三，包产到户实际是公有土地、家庭经营。这种制度有什么利弊？

中国地少人多，家庭经营规模太小。生产队剩余劳动力超过1/3。家庭承包土地不论按户、按人、按劳计算，都是细小的规模，没有规模效益，影响农业科学进步和技术应用。家庭成了经济主体以后，可以避免瞎指挥，也可以阻止正确的指挥，会对政府的指令造成诸多不便，还会滋长一点资本主义因素。这是弊！但是人多地少的格局，并不会因实行集体化而改变。经济生活中存在的上述矛盾，导致公私两困。权衡利弊，选择土地公有、家庭承包，这种半公有、半私有的形式，既满足了农民对家庭经营的偏爱，使小私有者的积极性得以发挥，又保留了土地的公有制。从1956年出现包产到户到现在，已经是四起三落了，如果我们再拒绝接受，予以打击，它还会有第五次、第六次。

另外，还有一个被人忽视的道理，就是农业有别于工业。农业是自然再生产和经济再生产的一个结合体，受生物学规律支配，要求不误农时。我国气候分为热、温、寒三带，每带又有山地和平原，海拔每增高百公尺气温就下降0.6度。西藏是世界最高的高原，气候寒冷，但雅鲁藏布江峡谷也有自己的小热带。四川是山地也能生产荔枝。同一纬度有不同的地形不同的气候。土壤也是一个地方一个样子：红土、黑土、沙土、黏土。农田需要降水，水量多少取决于大自然的施舍。

这些都决定了农业的决策最好是现场决策，远距离操纵是不行的。动物、植物都是有生命的物体，需要精心呵护。家庭经营则最适宜这种现场决策。如果把农民家庭给予知识武装，再加上现场决策的便利，仅此一点就可以提高生产力。现代的技术、农业的机械，以及化肥都可以分户掌握使用。这就是为什么截至现在就连最发达的资本主义国家，也还保留了80%—90%家庭经济的原因。社会主义国家的大型集体农庄，反而生产效率低下，呼唤改革。

今后随着科学技术的发展，工业化、城市化程度的提高，人口转移的加速，家庭经营将逐步扩大土地规模，实现多种形式的联合，既告别过去自发的、孤立的小农经济，也将有别于那种限制农民自由发展的集体经济。①

在杜润生讲话之后，第一个发言的是薄一波。他表示，这个介绍很好，说清了问题。农民要搞包产到户、我们要集体化，这个矛盾反反复复多少年。许多干部，包括邓子恢、润生同志，都在这个问题上付出了很大的代价，受了多年的冤枉。现在看来，这个问题可以很好地解决了。

1981年冬，中央召开了全国农村工作会议。会后不久，有人同意建议不用再强调不同地区不同形式了，可以让群众自愿选择。中央农村政策研究室就根据这个精神起草了1982年的中央"一号文件"（即《全国农村工作会议纪要》），正式肯定了土地的农户承包经营制度，结束了对包产到户30年的争论，使其从此成为中央的决策。群众、干部对比反映良好。胡耀邦说，农村工作方面，每年搞一个战略性文件，下次还要排"一号"。此后5年，每年的中央"一号文件"都是谈农业问题。

1982年的河北农村依然是一片沉寂，正定县也因为谨慎，尚未试水。年轻的县委副书记习近平悄悄派三个干部到安徽凤阳了解情况，并推动里双店乡成为正定县第一个试点，结果当年农业产值就翻了一番。一年后，"大包干"在正定全面

————————
①杜润生：《杜润生自述：中国农村体制改革重大决策纪实》，人民出版社2005年版，第132—134页。

推广,在河北省开创了先河。

虽然农村家庭联产承包责任制自1982年后在中华大地开始推广实行,但第一次提到"基本制度"这个概念,则是1991年颁布的《中共中央关于进一步加强农业和农村工作的决定》中说的"把家庭联产承包为主的责任制、统分结合的双层经营体制,作为中国乡村集体经济组织的一项基本制度长期稳定下来,并不断充实完善"。

1992年的《宪法》修正案,正式将这一中国农村的基本经营制度在国家的根本大法中确立下来:"农村集体经济组织实行家庭承包经营为基础、统分结合的双层经营体制。"

解决温饱问题与缩小城乡收入差距

全面实行包产到户(家庭联产承包责任制)的效果如何?

"大包干,大包干,直来直去不拐弯。""交够国家的,留足集体的,剩下都是自己的。"这简单直白的歌谣,道出了农民的喜悦和欢腾。

连一直坚定批判资本主义思想的昔阳县也在1982年底实行了包产到户。起初在北京的陈永贵表示犹豫,说:"咱大寨人能愿意干吗?"出乎他预料,多数群众愿意干。社员说:"砸了大锅饭,磨盘不推自己转,头儿不干,咱大家干。"

1998年12月1日,时任中央财经领导小组办公室副主任韩长赋,在《农民日报》发表的一篇短文,非常生动地介绍了包产到户前后东北农村的变化：

20年前，我在东北农村当大队书记，那时候生产抓得很紧，一大早就到生产队里去敲钟。头遍钟，家家户户烧火做饭；二遍钟，全体社员集合出工。前边有村干部领工，后边有村干部催工，但仍是慢慢腾腾，稀稀拉拉，出工不出力。尽管劳动力全部归田，起早贪黑，每年仍有很多地侍弄不好。庄稼长得不壮，杂草倒很旺盛。当时总以为这是东北地太多的缘故。

1983年，东北农村也实行包产到户，此时我已到北京工作，偶尔有机会回乡，突觉情况大变，地还是那些地，人还是那些人。没有干部敲钟，家家户户该忙什么就忙什么，地侍弄得清清爽爽，还有暇余外出打工。过去年年喊要上"纲要"，过"黄河"，就是过不去。现在不声不响，早过了"长江"。

现在想来，道理也很简单，也很深刻：土地承包到户，农民有了自主权，得到了更多实惠，真正感觉是为了自己劳动。为自己劳动，为啥还要干部敲钟？钟声不灵政策灵，是党的政策调动了农民的积极性。政策对了头，一步一层楼。国家政策稳定，农村就有大希望。江泽民总书记讲，家庭承包经营30年不变，30年之后也没有必要再变，实乃农业之幸，农村之幸，农民之幸也。①

---

① 韩长赋：《钟声不灵政策灵》，载《农民日报》1998年12月1日第14版。

包产到户的效果可以说立竿见影，极大地解放了农业生产力，一举打破了农业生产长期停滞不前的局面。其最重大的制度意义在于，终于承认了农业生产经营的基本单位是农民家庭的客观规律，农业的生产经营自主权终于回归到了农户家庭。

全国实行家庭联产承包责任制之后，在促进增产增收、解决吃饭问题和贫困问题等方面的效果极为明显。根据国家统计局的数据，1978年，中国粮食总产量6095亿斤，1984年达到了8146亿斤，增长了34.3%，创了当时的历史最高纪录；人均粮食占有量，从1978年的633斤，增加到了1984年的781斤，增加了23.4%。长期困扰全国人民的温饱问题从此基本上解决了。农民人均纯收入增幅更高，从1978年的134元增长到了1984年的355元，扣除价格因素后实际增长了1.5倍，年均增长16.2%。而同期城镇居民人均收入年均增长7.93%，城乡收入差距在这一时期明显缩小。

可是，在农业农村发展看起来很好的形势下，很快也出现了甜蜜的烦恼。

经过三个"一号文件"的改革政策推动生产发展，准确地说，经过对农村经济微观经营主体和宏观市场环境的同时改革，1984年中国农业生产达到一个阶段内的峰顶。尤其是几十年来被看作重中之重的粮食，甚至由"手中无粮，心中发慌"，转变为"粮食多了，卖粮难"的局面。农民卖粮只能拿到"白条"的现象出现了。

农村改革开始，一个优先的目标，就是解决农村微观经营机制的问题，即将人民公社体制改变为家庭承包制。可是，仅仅这一步，并没有解决经济发展的宏观机制，即市场经济机制问题。改革的目的是发展生产力，特别是发展商品生产。忽视这一条，家庭经营就被限制于自给经济水平，必将影响国民经济的整体发展和农民生活的改善。于是，中央开始探索推出进一步的改革举措。

杜润生的弟子张木生有过这样一段经历：

80年代，有一次他随杜老到中南海汇报粮食问题。同去的高小蒙拿出数字模型证明，中央手中只要保持1280亿斤粮食，用保护价收购，剩下的所有粮食可以完全放开，取消粮票，市场化经营。一位领导说，你们年轻人还这么保守，中央留1000亿斤足够了，剩下的全放开。话音刚落，一位青年很冲动地说："你们想什么呢？我们提的数据是经过大量的调查研究与反复测算出来的，不是拍脑袋！"这位领导马上走过来，拍着他的肩膀，和颜悦色地说："你们慢慢说，我仔仔细细听，好吧。"走出中南海，张木生以为杜老会批评他们张狂。没想到，他嘿嘿一乐："我就是要让你们这些小家伙为我们这些老家伙投石问路。"①

经过深入调查，中共中央农村政策研究室为解决卖粮难、财政补贴负担重的问题，整理出一个书面建议，提请中央书记处会议讨论。会议有胡耀邦、万里、宋任穷、薄一波、胡

---

① 余展、高文斌：《我认识的杜润生》，山西经济出版社2012年版，第210页。

乔木、邓力群、胡启立、李鹏、习仲勋、方毅、郝建秀等参加。这份书面建议除陈述情况外，提出农村经济迫切要求放松历史上多年形成的政府垄断、管制，及其他妨碍农民进入市场的规定，以利发展商品生产，摆脱穷困。

农产品统派购制度实行已久，派生出分配问题和利益调整问题，惯性很强，改变甚难。中国农业的进一步改革，受制于城市国有经济改革和政治体制改革。用当时的一句话来说，就是对于中国农村改革，一切"便宜"的项目已经出台，不触动深层结构，再不能前进一步了。正是这个原因，农村改革初期一系列中央"一号文件"的历史使命告一段落。但中国农村改革并未终结，还须从国民经济全局改革中寻找前进道路。

乡镇企业发展与农村脱贫

湖北省嘉鱼县官桥镇官桥村八组，是中国上百万农村居民组中普通一分子。

1979年冬，通过群众选举，周宝生当上了当时的生产队长。当时每个劳力日工值只有9分钱。年关将近的一天，北风呼啸，滴水成冰，周宝生赶路回家，正碰上本组几个壮劳力挑着柴担往县城送，以便换几个油盐钱过年。周宝生就这件事让队里的干部们展开讨论，大家都心情沉重，发出了一定要改变穷困落后面貌的誓言。

周宝生1969年初中毕业，此后参加过贫下中农宣传队，又应招参加过"三线"建设并做过县化肥厂亦工亦农的工人。在化肥厂期间，有一次一个工人因故被车间主任训斥："不好好干，就滚回农村去！"周宝生打抱不平，说："农村怎么样？农村是广阔天地，不是劳改场！"这种人格的不平等对待给周宝生留下深刻印象，也使他开始思考农村发展出路的问题。后来回到农村后，他对当时许多违背经济规律的现象逐步有了抵触情绪，开始思考农村如何走出一条发展之路。

他当上队长时，在当地对"联产计酬责任制"还存在很大争议的情况下，八组就率先尝试了这条"危险"之路，实行了"包产到户"。结果，1980年粮食增产54%，苎麻、芝麻、花生等作物也获得大丰收。多年以来一直存在的温饱问题终于解决了。

1981年，为了偿还历史所欠的国家贷款和在解决温饱的基础上进一步致富，八组开始筹资搞工副业。先是在官桥街上租房子办熟食店、副食品经销店和冰棒加工厂，一年下来赢利7000元。以此为家底，周宝生领导八组走上了发展之路。

以后，周宝生又带领大家发展了农机铸造厂、沙发厂、家具厂、砖瓦厂、煤矿等一批企业，做到了厂厂盈利，路路来钱。但是根据市场行情，又对其中一些企业进行了关停并转，形成了一批效益型的拳头企业。目前，八组拥有资产达30亿元的田野集团和环境十分优美的村庄，村民年人均纯收入超过6.5万元。

20世纪80年代，在全国各地乡镇企业蓬勃兴起的过程中，

▲ 官桥村八组村容村貌。(摄于2018年10月)

史来贺、鲁冠球、吴仁宝、宋作文、徐文荣、吴栋才、周耀庭、禹作敏……这一个个原本普普通通的农民，都纷纷顺应改革大潮，带头开创了各自乡村的创富故事。

那时候，他们的名字就经常出现在中央电视台新闻联播之中。从此，他们不仅在中国乡镇企业发展图谱中留下各自身影，也与中国的工业化，与中国制造的历程，与农村的发展进步紧紧相连。当然，有的带头人后来因为个人膨胀出了偏差，那是小支流；另一方面，其反面教训也为规范乡镇企业发展起到了警醒作用。

1987年6月，邓小平在会见外宾时说："农村改革中，我们完全没有预料到的最大的收获,就是乡镇企业发展起来了,突然冒出搞多种行业,搞商品经济,搞各种小型企业,异军突起。"①

事实上,这不是他第一次对乡镇企业高度评价。1983年初在江苏、浙江、上海考察后,他就认为乡镇企业安置了大量农村剩余劳动力,农民可以就地就业,也增加了收入,农村面貌也得到巨大改变,乡镇企业还支援了农业。尽管邓小平说这不是中央的功绩,但正是由于中央给了乡镇企业足够的自由发展空间,这支"异军"才能写就中国乡村乃至经济发展史上的一段传奇。

其实,乡镇企业早在50年代就兴起了。1958年,中央《关于人民公社若干问题的决议》中明确提出人民公社必须大办工业后,各地纷纷利用土钢铁、土机床、土原料、土设备、土办法举办各种工厂,"公社工业"成了专用称谓。实行"三级所有,队为基础"的管理体制以后,公社工业转变为社队工业,加上社队办的种植场、养殖场等企业,就形成了"社队企业"的称谓。"大跃进"后,在对国民经济进行调整的过程中,中央要求农村人民公社和生产大队压缩战线,社队企业滑入低谷。1968年,中央发出《关于大力发展农村副业生产的指示》后社队企业很快又发展起来。1977年,原农林部专门成立人民公社企业局,农村手工业企业则归人民公社领导管理,社队企业的发展就名正言顺了。

1978年,社队两级共有企业152.43万个,安置农业转移劳动力2826.56万人,产值达到491亿元,相当于当年农业总

---

①《邓小平文选》第三卷,人民出版社1993年版,第238页。

产值的38%左右。1979年7月，国务院发布《关于发展社队企业若干问题的规定（试行草案）》，首次以法规的形式肯定了社队企业的地位。

1981年国务院下发的《关于社队企业贯彻国民经济调整方针的若干规定》进一步明确提出，社队企业已成为农村经济的重要组成部分，符合农村经济综合发展的方向，并要求继续予以支持。国家对乡镇企业的支持，主要是针对集体企业（即原来的社队企业）的。而对于其他类型的乡镇企业，则主要以放松发展限制为主。

1984年的中央"一号文件"（即《中共中央关于一九八四年农村工作的通知》），鼓励发展社队企业，鼓励专业户生产致富，实行政社分设。由此，中国确立了乡镇企业（当时称为社队企业）在国民经济中的重要地位，并在政策、资金、税收等方面给予大力支持，乡镇企业发展进入全新的历史时期，农村剩余劳动力转移也进入"黄金时期"。

这一年，在各地撤销人民公社建立乡镇政府的情况下，中央发出的《关于开创社队企业新局面的报告》中将农村的"社队企业"更名为"乡镇企业"。社队企业本来是集体经济的一种组织形式，但随着市场调节范围的扩大，农村各类经济主体越来越活跃。出于归口管理的需要，乡镇区域内的集体企业、合作企业和个体企业都被纳入乡镇企业范围。

1985年的中央"一号文件"，对乡镇企业实行信贷、税收优惠进行了明确规定："对饲料工业、食品工业、小能源工业的投资和其他乡镇企业的技术改造费，在贷款数额和利率上给予优惠。按税法规定，对新办乡镇企业定期免征所得税，期满后仍有困难的，可以继续定期减免。乡镇企业用于补助社会性开支的费用，可按利润的10%在税前列支。"

据当时的农牧渔业部乡镇企业局统计，1985年全国乡镇企业发展到1222.5万个，比上年增加616万个；企业职工人数增加到6979万人，占农村劳动力总数的比重由上年的14%提高到19%；总产值达到2728.4亿元，按可比口径，比上年增长43%，其中建筑业和商业、饮食业、服务业，分别增长45.2%和54.9%；企业总收入达到2565.6亿元，按可比口径计算，增长速度为47.2%；企业纯利润达到287.4亿元，上交国家税金137.2亿元。在乡镇企业经济发达的地方，乡镇企业的税金已成为当地财政收入的主要来源。

乡镇企业职工主要是"离土不离乡"的农民，工资收入成为当时近7000万得以务工的农民工，以及他们的家庭摆脱贫困走上小康生活道路的有力保障。

到1987年，乡镇企业产出的二三产业产值合计达4854亿元，首次超过了农业总产值，成为中国农村经济发展史上的一个里程碑。

在扶贫领域定向发力

今天的人们已经难以想象，会有这样的家庭生活场景：一家三口挤在一张床上，床对面拴着山羊；90岁的老人一个冬天都睡在床上，只因为没有衣服穿；病在床上的人，饭后不让洗碗，为的是饿极时能闻一闻碗里残余的饭香。

这是40余年前的真实情况，是新华社记者李锦1978年在沂蒙山一个普通村庄的见闻。那时节，在其他许多地方，类似的情况也并不鲜见。

李锦是著名的调查型记者。1982年12月31日，邓小平听取李锦参与的农村改革情况汇报后，对他做出"你有发言权"的评价。他是大型电视片《邓小平》中唯一出镜的新闻记者形象。

根据李锦的报道，1978年，全国受灾，农民生活更为困难。这一年农村人口为8.032亿，全国农民人均年度纯收入仅有133元，其中90%以上为实物，货币收入不足10%。

这一年，约有2亿人每天挣的现金不超过2角，有2.716亿人每天挣1.64角，有1.9亿人每天能挣约0.14角，有1.2亿人每天挣0.11角，山西省平鲁县（现朔州市平鲁区）每人每天大约挣6分钱。

这一年，全国有4000万户农民的粮食只能吃半年，还有几百万户农家，地净场光之日就是断粮之时，从冬到春全靠政府救济，靠借粮或外出讨饭度日。

鉴于这样的情况，在推行整体经济改革的同时，党和政府在这阶段也开始在扶贫领域采取一系列专门的政策措施。

1980年，中央财政设立了"支援经济不发达地区发展资金"，专门支持老革命根据地、少数民族地区、边远地区和贫困地区发展，当年的资金规模为5亿元，之后逐渐发展成为财政发展资金。

1982年，国务院决定对以甘肃省定西为代表的中部干旱地区、河西地区和宁夏西海固地区实施"三西"农业建设计划，专项拨款20亿元（每年2亿元），建设期10年。提出的目标是，3年停止破坏，5年解决温饱，2年巩固提高。在实施过程中，制定了"兴河西之利、济中部之贫"的发展战略，实施了大规模的自愿移民搬迁。"三西"建设在中国扶贫史上具有重要意义，是第一次大规模的区域性扶贫行为，为以后有计划、有组织、大规模的全国性扶贫开发积累了大量经验。

1984年，国家计划委员会为改善贫困地区基础设施，开始安排以工代赈扶贫计划。从本质上讲，以工代赈是以开发贫困地区剩余劳动力为手段，以缓解和消除贫困为目的，通过实物或现金的投入，使贫困地区基础设施条件得以改善，同时为贫困地区经济发展创造一个相对优越的外部环境，进而提高贫困地区经济自我增长能力的一种扶贫方式。

1984年9月29日，中共中央、国务院颁发了《关于帮助贫困地区尽快改变面貌的通知》，明确提出了针对贫困地区的具体扶持和优惠政策。

这个《通知》指出，改变贫困地区面貌的根本策略是依靠当地人民自己的力量，按照本地的特点，因地制宜，扬长避短，充分利用当地资源，发展商品生产，增强本地区经济的内部活力。国家对贫困地区要有必要的财政扶持，但必须善于使用，纠正单纯救济观点。山区要认真重视发展林业、畜牧业、加工业、采矿业及其他多种经营，建立合理的生产结构，密切同城市和平原地区经济的联系，变单一经营为综合经营，变自然经济为商品经济，纠正依赖思想。对贫困地区要进一步放宽政策，实行比一般地区更灵活、更开放的政策，给贫困地区农牧民以更大的经营主动权。减轻贫困地区税收负担，给予优惠。搞活商品流通，加速商品周转。要重视贫困地区的教育，增加智力投资。有计划地发展和普及初等教育，重点发展农业职业教育，加速培养适应山区开发的各种人才。

之后，国家制定的《国民经济和社会发展第七个五年计划》中，专门将老、少、边、穷地区的经济发展作为一章来阐述，明确了贫困地区的发展目标以及政策支持。

很长一段时间内，这两个文件成为当时扶贫开发工作的主要指导文件。

这一时期是商品经济突破计划经济模式的阶段，也是农村经济体制重大调整的阶段，更是中国开始大规模区域性扶贫活动、贫困人口大幅度减少的阶段。

根据权威部门统计，全国农村居民家庭人均纯收入由1979年的160.7元增加到1985年的397.6元，增加了约1.5倍，扣除价格上涨因素，实际增长87.23%，年均增长11.02%。农村绝对贫困人口从1978年的2.5亿人减少到1985年的1.25亿人，平均每年减少1786万人，贫困发生率由30.7%减少到14.8%。

第三章

高速增长背景下的
共富工程

1986—2002年：三步走战略
实施初期的扶贫攻坚

在改革开放之后，由于生产力得到解放，经济发展呈现了高速增长态势，中国经济总量在世界上的排名，1986年时已超过巴西、西班牙，居第八位；2002年又超过加拿大、意大利，居第六位。

扶贫工作体现的是社会主义共同富裕的理念。随着国民经济的持续高速增长，国家综合实力不断提高，大规模的农村扶贫开发计划也开始启动了。

尽管农村改革带来非常大的边际效益，但是很多农村地区由于受到自然条件、地理位置和基础设施等众多因素的限制，并不能直接受益于农村改革。基于这种形势，中国政府从1986年开始启动了有计划、有组织、大规模的农村扶贫开发，并于当年成立了国务院贫困地区经济开发领导小组（1993年改为国务院扶贫开发领导小组），使扶贫工作步入规范化、机构化和专业化轨道。国家划定18个集中连片贫困地区和一批国家级、省级贫困县，探索并实施以区域开发带动扶贫为重点的开发式扶贫。

开发式扶贫战略的形成

1986年的时候，中国的农村是咋样的？一部分人富起来了，富裕的程度如何？大部分农民的生活如何？是不是还有贫困的呢？

那个时候有一位有文化而且常年记日记的农民——陕西合阳县后新庄村的侯永禄，他的一篇日记里记录的情景可以很形象地回答这个问题。

1986年7月28日

暑假到了，引玲①又把电视机带回我家里，当晚就在门房里放开了。晚上演起了《济公》，来看的人比平时更多，房里也挤不下，我干脆把电视机搬到房门口前，让大家在院子里看。电视预告要放《西游记》，而且是上午9点钟放。我怕白天光线太强，看不清楚，便在房门前用帐子和凉席搭起了大凉棚，遮暗了光线。

由于白天光线太强，村委会的大彩电也不放电视，到我家里来看电视的人就更多了，甚至路二大队的人也来看。电视机跟前的光线暗了点儿，远处的人却在太阳底下热得不行。我便将凉棚再扩大，席不够用，连新凉席也搭上了；小凳子不够坐，拉出长凳子、椅子、门槛、木板、饭桌，连石墩、砖头都用上了，宁肯自己不坐，也要让来的人有座位。

电视放映前的一两个小时，小娃们便守候在门口，为的是争占个好位置。有一次，凡定家的武军和专录家的义军竟然吵打起来了。为了让村里人看电视，全家人都得提前收工，提前吃饭。不等饭吃毕，看电视的人便来了。有时家里人在

---

①日记作者的女儿。

地里干活回来了，拉的车车也被正在看电视的人群挡住了去路，进不来了……来我家看电视的人虽不是人山人海，却也算得上是人来人往！人多时竟有百余人，我家里从没来过那么多人。引玲带走了电视机后，晚上还有不少人来打问着想看哩！整整50天，虽然黑地白日整得人晕头转向，丢眦打卦，扰得我们干不成活、吃不好饭，但全家人心里总觉得乐滋滋的！①

那个阶段，通过包产到户卖余粮和棉花有了较多现金的农民，愿意添置的电器，首选就是电视机。因为它能丰富文化生活，体现百姓富裕起来的心情。能买电视机的算是富裕户了，而大部分农民还只能到别人家去凑热闹看电视，说明总体上经济还不行，有不少可能还是贫困户。当然，侯永禄家能有电视机与他当过老师，女儿也当老师，家里有非农收入有一定关系。

党和国家的相关决策层，对农村的情况显然也是了解的。负责起草80年代5个中央"一号文件"的中央农村政策研究室，在全国农村选取了300个村庄作为相关问题研究的观察点。

从这一年开始，国家专门成立了扶贫机构，确立了国定贫困县的标准。

1986年1月1日，中共中央、国务院发出的《中共中央国务院关于一九八六年农村工作的部署》（80年代第五个中央

---

①侯永禄：《农民日记》，中国青年出版社2006年版，第237、238页。

"一号文件")指出:"社会主义的公有制为全体劳动者提供了劳动条件和发展机会,国家又掌握着调节社会收入的手段,这是实现共同富裕、避免两极分化的根本保证。但由于劳动者之间和地区之间所处的具体条件不同,出现先富后富和富裕程度的差别则是不可避免的。我们在政策上既要坚持共同富裕的方向,又应承认发展的差别,允许一部分人、一部分地区先富起来,这才有利于推动社会进步。平均主义的办法只会抑制生产发展,导致共同贫困,是不可取的。我们在认识上必须把社会主义发展中先富后富的差别,同私有制条件下的两极分化区别开来……一定要允许一部分人先富起来,也一定要注意发展合作制度,实行税收调节,做好扶贫工作,并完善法制,保护合法权益,制止非法牟利,发展生产力,走向共同富裕。"

这个文件第一次专题部署了帮助贫困地区改变面貌的工作,内容有四条,约600字。

切实帮助贫困地区逐步改变面貌

(十二)我国农村在自然条件和社会历史条件上存在着较大的不平衡性。改变一部分地区的贫困面貌,必须做艰苦的工作和长期的努力。各级领导和每个部门都要提高认识,转变作风,十分重视这些地区的工作,把改变贫困地区面貌摆上重要议事日程。

改变贫困地区面貌,需要从实际出发,分别情况,分级负责,分批治理。当前应把重点放在帮助那些至今尚未解决温饱的最困难地区，经过调查，做出规划，拨出资金，采取有效措施，使之尽快得到温饱，逐步走上能够利用本地资源优势，自力更生发展生产、改善生活的道路。在一般的贫困地区，主要是落实政策，端正生产方针，在开发林、牧、矿业及其他土特产方面给予必要的支持，把经济搞活。

（十三）国家拨给各省、自治区的支持贫困地区资金，都要进行清理，由省、自治区政府统一安排使用，做出规划，经过论证，落实到具体项目，组织资金、技术、人才配套支持。

（十四）设在贫困地区的国营厂矿，应扩散产品，积极帮助发展乡镇企业。国家无力经营的山林、草场、水面，可以承包给当地群众经营，也可以划出部分资源与当地群众联营。鼓励发达地区到贫困地区兴办企业。贫困地区的农、林、牧、副、土特产品，除国务院规定的个别品种外，都可以自由销售。

（十五）国务院和有关省、自治区都要建立贫困地区领导小组，加强领导。利用各种渠道为贫困地区培养干部，同时从中央、省、地三级机关抽调一批优秀干部并组织志愿服务者到贫困地区工作。[1]

这一年的5月16日，国务院贫困地区经济开发领导小组成立，第一次确定了国定贫困县标准，启动了有计划、有组织、大规模的农村扶贫开发。

---

[1]引自《中共中央、国务院关于一九八六年农村工作的部署》，来源于中国网：www.china.com.cn/cpc/2011-04/12/content_22343535.htm，发布日期：2011年4月12日，引用日期2020年2月15日。

中国的扶贫工作由此步入了规范化、机构化和专业化阶段。

这一时期也是中国开发式扶贫战略的形成时期：在国家的必要支持下，利用贫困地区的自然资源，进行开发式生产建设，逐步增强贫困地区和贫困户的自我积累和发展能力，主要依靠自身力量解决温饱、脱贫致富。

按1984年的贫困标准，全国农村未解决温饱的人口从1985年的1.25亿人减少到1993年的7500万人，平均每年减少625万人。

首个国家扶贫攻坚计划

1994年3月，国家发布了《国家八七扶贫攻坚计划（1994—2000年）》。所谓"八七"，是指针对当时全国农村8000万贫困人口，力争用7年左右的时间基本解决温饱问题。

这一计划圈定了分布在中西部深山区、石山区、荒漠区、高山区、黄土高原区、地方病高发区以及水库库区的592个县作为扶贫工作重点县，确定了扶贫攻坚的主战场。当时确定的目标是，到20世纪末解决贫困人口温饱问题，绝大多数贫困户年人均纯收入达到50元（按1990年不变价格），扶持贫困户创造稳定解决温饱的基础条件，并且加强基础设施建设和改变教育文化卫生等事业落后的状况。这一计划实施以后，到2000年底，国家重点扶贫县的农民人均纯收入达到1337元，经济和社会事业发展明显加快，生产生活条件明显改善。

在八七扶贫攻坚计划阶段，专项扶贫贷款项目占全部扶贫资金的一半以上，它的主要目标是为贫困地区和贫困农户的生产活动和经济发展提供直接信贷支持。在扶贫资金的投向方面，1997年开始生效的《国家扶贫资金管理办法》明确规定了国家各项扶贫资金的地区投向和项目投向，即必须全部用于国家重点扶持的贫困县，并以这些县中的贫困乡、村、户为资金投放、项目实施和受益的对象。在扶贫资金的分配方面，从1996年开始，农村扶贫总的原则是省级政府对省本级扶贫工作负总责，并具体制定了"四到省"的原则（资金到省、权力到省、任务到省、责任到省）。

《国家八七扶贫攻坚计划（1994—2000年）》，要求增加扶贫开发投入，建立东部沿海地区支持西部欠发达地区的扶贫协作机制，推行入户项目支持、最低生活救助、劳动力转移、生态移民等综合性扶贫措施。经过7年的努力，基本实现了八七扶贫攻坚计划既定的目标，农村贫困人口从8000万人下降到3000万人，贫困发生率下降到3%左右，贫困问题从普遍性、区域性、绝对性贫困向点状分布和相对贫困演变。

这一时期的开发式扶贫是在国家的必要支持下，利用贫困地区的自然资源，促进生产建设，逐步增强贫困地区和贫困户的自我积累和发展能力，主要依靠自身力量解决温饱、脱贫致富。政府专项扶贫政策主要包括以下两个方面：

一、扶贫目标群体瞄准机制。中国扶贫工作的重要特点，就是扶贫瞄准机制是县级瞄准。1986年，国务院第一次确定了国定贫困县标准,1994年制定《国家八七扶贫攻坚计划（1994—2000年）》时,重新调整了国定贫困县标准。以县为单位,凡是1992年人均纯收入低于400元的县全部纳入国定贫困县扶持范围,凡是1992年人均纯收入高于700元的原国定贫困县,一律退出国家扶持范围。按照这个标准,列入国家八七扶贫攻坚计划的国定贫困县共有592个,主要分布在18个贫困地区。

二、扶贫资金的投入和使用。在扶贫资金的投入方面,在八七扶贫攻坚计划阶段,中国用于扶贫工作的资金主要有三大类:第一类主要通过中央财政转移支付,向贫困地区投入专项扶贫资金;第二类主要通过财税优惠政策减轻贫困地区政府的财税负担,包括一系列促进贫困地区经济发展和贫困人口脱贫致富的财政税收优惠政策,以及一些阶段性、临时性的财政政策;第三类主要是扶贫贴息贷款。

农民工的形成与初步发展

20世纪80年代后期开始,农村存在的大量潜在富余劳动力开始浮出水面并大批转移就业。从离土不离乡,在乡镇企业就业,到逐步大规模向城市二三产业转移,两亿左右的农民工辛勤而艰苦工作,推进了中国城镇化和工业化进程,促进国民经济在高速增长中实现了结构的调整与优化。

从那时起,每年农历新年前后,浩浩荡荡的候鸟式人口

▲ 20世纪90年代末农民工外出打工情景。(《农民日报》资料图)

迁徙，或南下北上，或东去西往，铁路、公路车流如水，交织成一股逾月不退的"春运潮"，构成了全球最大人口流动的宏大画面。而这一画面中的最大主角，就是奔波在城乡之间的农民工。农民工队伍的形成与壮大，对广大农民追赶时代脚步，过上富裕生活，以及农村贫困群体摆脱贫困，具有极其重要的影响。

1

当以大包干为主的家庭承包经营为基础的农业基本经营体制燎原神州大地

后，农村生产力极大地得到了解放，广大农民也由从事农业的单一经营向多种经营转变，多种经济成分都在蓬勃发展。在此背景下，中国的乡镇企业成长起来了。

"离土不离乡"是改革开放初期农村劳动力的主要转移方式。除了适应商品经济发展的需要之外，一个非常重要的原因就是，在当时的管辖体制下，农民一般情况下不能进城就业甚至久留。也只有这样的办法，才能使农村劳动力进入工厂，进入非农行业就业。

据统计，1984—1988年，农村剩余劳动力主要流向当地的乡镇企业，从业人数达到9545万人，其中1984、1985两年每年新增就业近2000万人。

乡镇企业在中国，经历了20世纪50年代的萌芽、60年代的徘徊、70年代的复苏，直到改革开放以后，才发展壮大起来。就总体而言，在1978年前的近30年时间里，中国乡镇企业的前身——社队企业，基本上是在曲折中增长的。但乡镇企业的发展，在一定程度上改变了中国失衡的城乡关系，尽管还不足以打破长期存在的二元经济结构。

著名三农问题专家杜润生最先提出，"富裕农民，必须减少农民"，"土地不能再生，人口可以转移。若城市人口的比重提高到50%，形成人口转移，就能够减少农民、富裕农民"。[1]

早在20世纪80年代，许多学者就做过农村劳动力转移的研究。那时，城里人把进城农民叫盲流，有的地方甚至提出"紧闭城门"。而杜润生认为："民工潮是农民对劳动力市场信

---

[1] 余展、高文斌：《我认识的杜润生》，山西经济出版社2012年版，第75页。

息的反应，是改革后农民对自主权的自觉运用。这样的劳动力转移，有利于创造农业步入现代化的条件，有利于农村耕地整合和劳动生产率提高，有利于自给为主的经济结构向商品化专业化转变。"①它可以说是农民以自身力量疏通城乡关系、促进城乡二元结构向一体化转变的一个强大的动力源。

邓小平同志对农民务工是十分支持的。1987年3月27日，邓小平会见喀麦隆总统、喀麦隆人民民主联盟全国主席比亚，在谈到农民、农村、农业问题时指出："我国百分之八十的人口是农民。农民没有积极性，国家就发展不起来。八年前我们提出农村搞开放政策，这个政策是很成功的。农民积极性提高，农产品大幅度增加，大量农业劳动力转到新兴的城镇和新兴的中小企业。这恐怕是必由之路。总不能老把农民束缚在小块土地上，那样有什么希望？"②

2

随着改革开放的深入，商品经济大潮冲击着每一个角落，也强烈震撼着所有习惯于"面朝黄土背朝天"的农民。同时，城镇经济迅速活跃起来，劳动力需求迅速增加。而粮食、食用油和其他副食品市场的放开，客观上为农民长时间驻留城市务工提供了可能。当时，农村的剩余劳动力几乎是用之不尽，农民大规模进城务工具有客观必然性。农民跨地区流动

①余展、高文斌：《我认识的杜润生》，山西经济出版社2012年版，第75页。
②中共中央文献研究室：《中国特色社会主义理论体系形成与发展大事记》，中央文献出版社2011年版，第146页。

在20世纪80年代初就已经出现。

1984年的中央一号文件，已经允许务工、经商、办服务业的农民自带口粮到集镇落户，维持多年的限制人口流动的政策开始出现松动。

最早进城的农民主要是当保姆、干脏活累活的临时工，受雇于个体工商户的雇工以及制作家具、补鞋、补锅等的手工匠人，也有往返于城乡之间进行各种商品贩运的小商贩。这些都是大多数城市人不愿意从事的工作。

1986年，国家开始允许国有企业招收农村劳动力。到1986年底，全国登记在册的进城农民已达480万人，加上未登记入册的估计有1500多万人。农民流动的主要目的是打工赚钱，也有青年农民是为转变身份而寻找出路。

80年代后期，中国东南沿海地区经济快速发展，开始有大批农民涌向这些地区的制造业，农民外出打工赚钱的冲动不可阻挡。1989年出现第一次"民工潮"（当时也被称为"盲流"），据有关部门统计，这样的"流动大军"在全国达3000万人。每年从农历初五起，每天有数以万计甚至高达十几万的出省民工涌向车站、码头。

1990年1月，时任福建省宁德地委书记习近平在谈到农村富余劳动力转移问题时认为，农村富余劳动力开发不应走都涌入大都市的路子。一方面，农村劳动力的富余是针对耕地的富余，而农村在田林山海间，发展农林牧副渔的空间还很大，开发大农业的情况下就不是绝对富余；另外一方面，农民进城务工或灵活就业，需要进行培训提高素质，避免盲目对城市形成人口压力。这一观点在当时是有较长远的前瞻性的，与高层决策方面的取向是一致的。

1990年4月，国务院发出通知，要求对农民进城务工实行有效控制、严格管理，并建立临时务工许可证和就业登记制度。这些政策手段在于提高农民工在城市的就业门槛，防止大量农村劳动力盲目流入城市。其原因一是由于20世纪80年代初期大批知青返城、干部职工"摘帽"落实政策等因素，城市就业压力空前增大，全国约有2000万人需要重新安置就业；二是1988年底，由于经济过热而不得不进行治理整顿，许多在建项目被叫停，城市的新增就业压力明显增加。

在这种情况下，农民工向城镇非农产业转移就业的速度有所减缓。

③

1992年，邓小平"南方谈话"，以及中国共产党的十四大召开，正式确立了在中国建立社会主义市场经济体制的改革目标，改革进入一个新的历史发展阶段。外商投资大举进入，个体私营企业迅速发展，大批国有小企业改制，沿海地区经济发展提速，劳动力需求再次迅速增加，"民工潮"愈来愈猛，"离土又离乡"式的转移越来越普遍。

正是这股农民"自己解放自己"的流动浪潮，为中国的经济增长和制度创新提供了持续推动力，而且推动着城乡发展逐步朝着一体化方向发展的社会变迁。外出就业的农村劳动力，1993年达到6200万人，1994年达到7000万人，1997年突破1亿人大关。过去人们总说农村是个大海绵，可以吸纳无数农村劳动力，如今在城乡居民收入差距的压力下，海绵中吸纳的水分大量释放，"民工潮"喷涌出来，拍打着城市的门户。

1993年，"民工潮"刚一兴起时，已经离休的杜润生老先生就敏锐地意识到这是继农村联产承包责任制之后，中国农民又一次自发顺应历史潮流的举动。杜老最看不过农民享受不到与城市居民相同的待遇，方方面面处于弱势：没有自由迁徙权；受教育有限；农村失业人口不叫失业人口，也没有失业救济；农民负担重；医疗保障不健全；就业难……他不时地在各种场合呼吁让农民成为"自由人"，给他们以与城市居民同等的待遇。

20世纪90年代，后来被称为"农民工司令"的张全收，已经来到深圳打工。十几年后，伴随着经济的迅猛发展，民工荒席卷珠三角，张全收找到了属于自己的路——城乡之间的劳务枢纽。十多年里，张全收带着他河南信阳老家的乡亲们源源不断地离开土地，来到城市的工厂里；而他们用汗水换来的财富，又络绎不绝地流回老家，抚慰和滋养着家乡。

面对持续涌动的"民工潮"，有关部门的政策倾向开始从单纯劝阻农民流动转向促其有序流动和加强对流动人口的管理。因为通常情况下，农民工干的都是城市人不愿干的活，限制农民工进城对城镇下岗职工的再就业没有多大帮助，相反城市人的生活已经离不开农民工提供的服务。

1997年亚洲金融危机加剧了城市的失业问题。优先解决城市失业问题成为政策的首要目标。为优先解决城市的就业问题，也为了防止农村劳动力盲目向城市流动，政府从减轻城市压力、维护社会稳定考虑，各大城市陆续出台政策，通过数量、证件、管理、审批和工种限制等手段提高农民工流入的门槛，并将农民工就业范围限定在某些工种以及非正规的就业部门。

这时候，仍然有一些农民勇敢地到城市创业，取得城市和农村两方面都欢迎的业绩。比如，山西省垣曲县古城镇北坡村农民刘适瑞，1999年因村子被黄河小浪底水库淹没，移民搬迁后没有合适营生，就带着移民安置款来到北京创业。他先在鼓楼附近开饭店，用开饭店挣的钱，又创办了前门红人家政。他采

▲ 21世纪初在招聘会上求职的农民工。(《农民日报》资料图)

用一人带一家，一家带一村，一村带一片的方法，将垣曲老家因小浪底水库修建失去土地的数千农民，带到北京来从事家政服务工作。

刘适瑞带出了一人，十人，百人，千人……，当成千上万人进入京城后，似乎一场新的"移民潮"又形成了。在北京打工，每人每年可能挣到4万元左右，农民收入得到了很大提高。但他们的生活方式如何改变？技能如何提高？人身安全问题怎么保障？劳务出现纠纷谁来维权？特别是一家人多地生活，单调乏味的工作，让这些身处异乡的人，会感到特别的孤独，怎么办？为了解决老乡们的后顾之忧，刘适瑞在垣曲县委、县政府的帮助和指导下，牵头在北京成立了垣曲临时务工党支部、北京垣曲商会、北京垣曲人互助会等一系列机构。长期以来，红人家政的员工常年为北京近万家庭提供各类家政服务，每年能够稳定地挣回数亿元的工资收入。这个过程无形中解救了许多有可能贫困的家庭。

无论如何，劳动力部门转移的从低到高，可以对经济增长提供额外推动力。据世界银行（2000年）估计，中国在此前20年间的劳动力部门转移可以为GDP贡献16%的增长率。据国内学者测算，劳动力转移对经济增长的贡献率为20.23%。有人说，中国源源不断的农民工在追求自身生活改善的同时，无疑是造成"中国奇迹"的主角之一，也是世界最大的人口红利，这样的评价并不为过。

这源源不断为了改变命运而从农村走向城市的亿万农民工，让中国降低了发展成本，获得了巨大的发展动力，支撑了世界上最大发展中国家的经济高速增长。据国家统计局公布的数字，国有企业职工的年平均收入（工资收入加上各种实物性福利）比农民高出127%，每雇用一个农民工，每年创造的剩余积累达7381元，以1999年9546万农民工计，当年农民工创造的剩余积累为7046亿元，相当于当年GDP的9%。从世界经验看，人口流动性大、迁移程度高的国家和地区往往充满经济增长的活力，中国的地区发展也说明了这一点。

希望工程等社会扶贫项目兴起

20世纪80年代末，中国未解决温饱问题的人还有上亿，每年有100多万小学生因家庭贫困交不起四五十元的书杂费而失学。

希望工程是由团中央、中国青少年发展基金会于1989年发起的以救助贫困地区失学少年儿童为目的的一项公益事业。其宗旨是建设希望小学，资助贫困地区失学儿童重返校园，改善农村办学条件。

1986年，团中央的徐永光在广西柳州地区进行了两个月的调查后发现，"金秀瑶族自治县共和村，全村人口2000多人，新中国成立后没有出过一名初中生，250名学生中，小学一年级学生71名，五年级7名，辍学率达90%以上"。1989年初春，已经请辞团中央组织部长的徐永光和几位志同道合者在办公室里畅想基金会的发展方向。大瑶山孩子渴望读书的眼睛在他脑海中闪现，希望工程的灵感跃然而出。他的初心是"让农民的孩子人人有书读"。

援建希望小学与资助贫困学生，改变了一大批失学儿童的命运，改善了贫困地区的办学条件，唤起了全社会的重教意识，促进了基础教育的发展；弘扬了扶贫济困、助人为乐的优良传统，推动了社会主义精神文明建设。希望工程的第一块基石铺在河北省涞源县桃木疙瘩村，第一位受助人是一个名叫张胜利的初中生；而第一所希望小学是在安徽省金寨县。

1990年2月，时任团中央书记处书记李克强带领中国青少年发展基金会考察组，顶风冒雪，来到大别山深处的金寨县。

考察组一行跋山涉水，深入到乡村和学生家庭，并同县委有关同志座谈。最后，一个扶助贫困生的希望工程计划有了具体目标：一、对失学的少年进行救助，解决无钱上学的问题；二、援建希望小学，解决无学可上的问题。考察组最后决定：在金寨县南溪镇援建全国第一所希望小学，同时救助全县500名失学的适龄儿童。之后，勘察、选址、筹备、建设工作陆续进行。

1990年5月19日，中国第一所希望小学在南溪镇落成。

重峦叠嶂的山坳里，徐向前元帅题写的校名"金寨县希望小学"十分醒目，骄艳的阳光把青山翠岭涂抹得一片生机，昔日荒寂的山乡，沉浸在热烈的节日气氛中。成群结队的新生穿上了新装，簇拥在"希望小学"的校牌和迎风招展的国

▲ 安徽省金寨县第一所希望小学。1990年2月，时任团中央第一书记李克强在安徽省金寨县南溪镇视察；同年5月，中国第一所希望小学在此建立，2014年拥有学生1600余人。（解海龙　摄于2014年6月）

旗下，表情庄严。从此，这些渴求知识的孩子捧起了书本，有了自己的学校。

这一切，为旷野山乡贫困农民家庭的未来增添了一份希望。

1990年9月5日，邓小平欣然为"希望工程"题名。

金寨县作为全国第一个实施希望工程的县，累计接受捐资近2000万元，救助小学生近万人，中学生92人，建校54所（其中中学9所、小学45所）；建起了全国第一所希望初级职业中学——安徽省金寨希望初级职业技术学院；培养出全国第一位由希望工程救助升入高校的大学生、研究生张宗友（后为南京大学现代汉语硕士研究生）；建立了第一批希望书库。

1992年6月10日，中国青基会的捐款接待室来了两位军人，他们拿出3000元人民币，但不留捐款人姓名。工作人员一再称按规定必须留下捐款人的名字，为后人留下一份责任与爱心的清单。两位军人说，如果一定要留姓名，就写"一个老共产党员"吧。同年10月6日，两位军人再次来到中国青基会，以同样的方式捐款2000元。后经中国青基会多方了解，才知道这位"老共产党员"就是敬爱的邓小平同志。

中国青基会经过认真的讨论，决定将这5000元捐款用于邓小平同志早期工作、战斗过的广西百色。1929年12月11日，邓小平亲自组织领导和发动了百色起义，创建了红七军和右江革命根据地，并建立起右江苏维埃政权。

邓小平同志资助的25名曾经失学的孩子，到2009年，有4名大学毕业后走上工作岗位，有11名正在读大学或已被大学录取。

说到希望工程，人们总会同时想起的是那双大眼睛。1991年5月，7岁的苏明娟是张湾小学的一年级学生，中国青年报摄影记者解海龙到金寨县采访拍摄希望工程，跑了十几个村庄，最后来到张湾小学，看到了正在上课的苏明娟，一双特别能代表贫困山区孩子"渴望读书的大眼睛"摄入他的镜头。苏明娟1983年出生在安徽金寨县桃岭乡张湾村一个普通农家，父母靠打鱼、养蚕、养猪和种田、种板栗为生，一家人过着拮据、简朴的乡村生活。

照片上,一个小女孩手握铅笔头,两只大眼睛直视前方,充满着求知的渴望。这张题名为"我要上学"的照片发表后,很快被国内各大报纸杂志争相转载,成为中国希望工程的宣传标志,苏明娟的那双渴望读书的大眼睛也随之成为希望工程的形象代表。

和"大眼睛"苏明娟一样,给人们留下深刻印象的还有"大鼻涕"胡善辉和"小光头"张天义。他们以渴望上学的眼神和自身的经历,唤起了全国人民捐资助学的热潮。

如果不是解海龙1991年的那张照片,不会有那么多人关注那个流着鼻涕、穿着破旧、奋力读书的小男孩;如果不是当年和"海龙叔叔"的那次邂逅,"大鼻涕"胡善辉可能会像此前很多贫困山村的孩子一样,小学毕业就辍学了。胡善辉如今已成为济南西站的一名客运员,每天为南来北往的旅客服务。他说自己很幸运,后来读了初中,到了部队,整个人生都变得不同。

当年,那张照片上的"小光头"张天义,眼神里充满了淡淡的忧郁。他后来从盐城工学院机械设计制造及其自动化专业毕业,工作地点也选择了盐城,与一家公司签订了5年就业合同,现在的张天义充满了自信和乐观。

2005年5月,北京中国青少年发展基金会院内,在人们通过"大眼睛""小光头""大鼻涕"的照片知道他们的14年后,3个人在北京首次相聚。

经过30年来的发展,希望工程的第一个救助对象张胜利已经回到村里执教；希望工程形象代言人——"大眼睛"苏明娟过起了城市白领的平凡生活……

截至2019年9月，全国希望工程累计接受捐款152.29亿元，资助家庭困难学生599.42万名，援建希望小学20195所，同时，根据贫困地区实际推出的"圆梦行动"、"希望厨房"、乡村教师培训等项目，有效推动了中国贫困地区教育事业的发展，使希望工程成为全社会广泛参与的公益事业。

▲ 2005年5月，北京中国青少年发展基金会院内，"大眼睛""小光头""大鼻涕"在北京首次相聚。（解海龙　摄）

2019年11月20日，习近平总书记曾寄语希望工程，他指出，在党的领导下，希望工程实施30年来，聚焦助学育人目标，植根尊师重教传统，创新社会动员机制，架起了爱心互助和传递的桥梁，帮助数以百万计的贫困家庭青少年圆了上学梦、成长为奋斗在祖国建设各条战线上的栋梁之材。希望工程在助力脱贫攻坚、促进教育发展、服务青少年成长、引领社会风尚等方面发挥了重要作用。

与希望工程同类的社会扶贫项目，还有"春蕾计划"（中国儿童少年基金会于1989年组织实施的一项救助贫困地区失学女童重返校园的社会公益项目，通过开办"春蕾班"、捐建"春蕾学校"等形式救助贫困失学女童）、"红十字天使计划"（2005年8月以来中国红十字基金会推动的重点公益项目，其宗旨是关注贫困农民和儿童的生命与健康，广泛动员国内外的社会资源，募集资金和医疗物资，资助贫困农民和儿童参加新型农村合作医疗）、"母亲水窖"（一项集中供水工程，是中国妇女发展基金会2001年开始实施的慈善项目，重点帮助西部地区老百姓特别是妇女摆脱因严重缺水带来的贫困和落后问题）等公益项目，也分别在一定程度上对解决中国农村贫困问题发挥了重要作用。

中国加入WTO及其相关影响

2001年12月11日，中国正式成为世界贸易组织第143位成员，历史性地展开了中国深度参与经济全球化的伟大征程，也翻开了中国"三农"事业发展的崭新篇章。

加入世贸组织，既是中国市场经济不断发展的客观需要，也是我们积极参与全球化的主动选择。但在入世之初，面对谈判的成果，很多关注"三农"发展的人们却并不乐观。根本的忧虑在于，中国农业经营规模小、组织化程度低、科技实力弱，在自由、竞争、开放的国际贸易中，直接与国外农产品竞争，不具备优势，对中国农业安全、农民增收都会带来很大的冲击；与此同时，中国农村由于农产品结构性卖难、农民收入增长缓慢、农村劳动力转移不畅等问题，积累了不少矛盾，这些问题随着加入世贸组织，有可能会在一定程度上表现得更为突出。

中国农业在入世过程中作出了重大承诺，取消了数量配额、许可证等所有非关税措施；关税和关税配额制度成为调控农产品贸易的唯一手段；农产品平均关税水平仅15.2%，只有世界平均水平的1/4；关税形式单一，实施税率与约束税率同一；粮棉糖配额外关税最高也只有65%。除一些岛国和个别农业规模大、竞争力很强的国家外，其他国家农产品关税水平都比中国高。总体上看，中国已经是世界上农产品贸易开放度最高的国家之一，面临的竞争压力正在不断加大。

从政策性质看，中国农业支持政策主要是"绿箱"政策[1]，且在微量许可范围之内，对贸易没有或只有轻微扭曲作

---

[1] 乌拉圭回合农业协议下不需要作出减让承诺的国内支持政策的术语。

用；政策支持对象是生计型农民，按 WTO6.2 条款界定，中国的许多"黄箱"政策[①]也不具扭曲作用。

中国农业以小规模农户为主体。农户数量巨大，经营规模较小，户均农地经营规模仅 0.6 公顷，相当于韩国和日本的 1/3、欧盟的 1/40 和美国的 1/400。人均耕地不到世界平均水平的 2/5，人均水资源为世界平均水平的 1/4，人均草地资源不足世界平均水平的 1/3。而且，在二元经济结构下，中国农业不得不实际承担农村剩余劳动力失业保险、农村社会福利保障、经济缓冲以及农村扶贫等多方面的超越单纯农产品供应的多种功能。

近年来中国在增加大宗农产品生产的同时，也逐步增加了大宗农产品进口。2004 年以来，中国已由农产品净出口国转变为净进口国。从实际效果看，中国农业支持政策重点是大宗农产品，而不是中国具有比较优势的蔬菜水果等产品。

由于中国农业开放度高，一些产品进口量大，国际农产品市场波动对中国农业的影响越来越大。对此，中国出台的一些政策，如临时收储政策，主要是为了应对国际市场波动、确保国内生产和市场稳定。虽然这些政策的实际效果有待进一步评估，有些政策有待改进或调整、替代，但其必要性越来越显著。

加入 WTO 以来，中国农业国内支持政策变化很大：取消了农业税、农业特产税、牧业税、屠宰税；在加强一般性公

[①] 乌拉圭回合农业协议下可能产生贸易扭曲、需减让承诺的国内支持政策的术语。

共服务的同时，逐步建立和完善了以"四补贴"为核心的强农惠农政策，先后实施了稻谷、小麦最低收购价制度以及玉米、大豆、油菜籽等重要农产品临时收储政策，形成了与中国入世承诺和WTO规则一致的农业支持政策体系。

2006年前，中国"三农"财政支出包括支援农村生产和农林水气象等部门的事业费支出、基本建设支出、农业科技三项经费支出、农村救济费、农业综合开发支出、农村中小学教育支出、农业税灾歉减免补助等。2006年"三农"财政支出合计3173亿元。其中，农林水等部门事业费、基本建设支出、农业科技三项经费支出、农村救济费分别占68%、16%、1%、6%。相关部门的事业费所占比重高达68%，包括了不同性质的政策支出，例如农业部门事业费包括了农村公共事业、农民教育、中非农业合作和南南合作、农业资源和生态养护、渔业增殖放流等。农业基本建设支出包括了农村公路建设等。

2006年后，"三农"财政支出包括支援农村生产和各项农业事业费、"四补贴"、农村社会事业发展支出等。以2010年为例，中央"三农"财政支出中，支援农村生产和各项农业事业费、"四补贴"、农村社会事业发展支出分别占40%、14%和39%。支援农村生产支出包括农村基本建设支出、农业保险保费补助、农业综合开发、财政扶贫资金、测土配方施肥补助、基层动物防疫补助、农民培训等项目。各项农业事业费包括农业、林业、水利和气象部门的事业经费。农村社会事业发展支出包括农村教育、农村文化、农村医疗卫生、农民最低生活保障补助、农村救济。

目前，中国加入WTO近20年来，在经济全球化的全面洗礼和农业国际化深刻磨砺之下，中国的农业农村经济发展不仅没有像很多人担忧的那样全面溃败，反而取得了超出预期的好成绩——农业生产能力稳步提升，粮食连续十几年稳定丰产，农民收入多年快速增长，农产品贸易大幅增长，农业与世界市场的关联程度日益增强；农业和农村改革不断深化，形成了世贸组织框架下比较完善的农业政策体系。农业持续稳定增长，在满足工业化、城镇化加速发展需要的进程中，也满足了人民群众不断提高农产品消费质量的需求。这为中国应对国际金融危机和世界粮食危机、克服各种突发自然灾害、管理通胀预期、保持经济持续稳定发展和社会和谐稳定提供了基础支撑。

贸易全球化是一个必然趋势，中国必然要卷入。加入世贸组织，既是客观需要，也是主动选择。加入世贸组织之后，中国逐步由农产品出口国转变为净进口国，体现了全球化的资源配置作用，对促进中国农业发展和国民经济发展的不断进步有良好带动作用，也客观上促进了扶贫工作。

第四章

构建新型工农城乡关系的必然选择

2003—2012年：重中之重战略定位初期的扶贫成果

一个普通的词语——"重中之重",因为近十几年来在党的重要文件中一再被着重使用,而成为众所周知的常用词。在多数情况下,这个词已成为与解决"三农"问题紧密相连的关键词。

"重中之重",比喻一件事在一些重要的事中是最重要的,强调这件事至关重要。长期以来,解决好农业、农村、农民问题,促进"三农"事业与时代共同进步,特别是让广大农民在小康路上不掉队,实现城乡和谐发展,使中国现代化建设获得坚固的基础,就是这样至关重要的事情。21世纪初,党中央明确要求,把解决好农业、农村、农民问题作为全党工作的重中之重,并做出了一系列针对性的具体部署。

"重中之重"战略定位的确定,为完成好脱贫攻坚工作的美好图画打下了深沉的底色。

重中之重战略定位的确定

自鸦片战争开始,近代180年来的历史告诉我们,"三农"问题是贯穿民族复兴之路和中国现代化进程的基本问题。中国共产党成立以来,在革命、建设、改革各个历史时期,马克思主义基本原理同中国具体实际相结合的关键,在于逐步形成了战略空间上重视农村、人力资源上依靠农民、物力支持上以农业为基础的发展特色。"三农"事业是中国共产党发展壮大，成功开辟新民主主义革命道路，以及开创中国特色社会主义新时代过程中的坚强"根据地"。因此，中国共产党始终高度重视"三农"的发展。

新世纪以来，全面建成小康社会的关键在于，决不能忽视农村这一最大的薄弱环节。这就要求在全面建成小康社会的道路上必须深刻地认识到，"三农"工作是全党工作的"重中之重"，关乎最广阔大地上的最大多数人能否实现小康；更要清醒地认识到，农业现代化是新世纪之初"四化同步"发展的短腿，农村是全面建成小康社会的短板；老乡收入基础不牢、成色不足，全面小康就站不住脚。

在2003年1月举行的中央农村工作会议上，胡锦涛总书记在讲话中首次明确提出：把解决好农业、农村、农民问题作为全党工作的重中之重。2003年1月发布的中央三号文件《中共中央国务院关于做好农业和农村工作的意见》强调，全面建设小康社会，必须统筹城乡经济社会发展，更多地关注农村，关心农民，支持农业，把解决好农业、农村和农民问题作为全党工作的重中之重，放在更加突出的位置，努力开创农业和农村工作的新局面。

2004年1月公布的新世纪第一个部署"三农"工作的中央"一号文件"《中共中央国务院关于促进农民增加收入若干政策的意见》，再次明确指出，把解决好农业、农村、农民问题作为全党工作的重中之重；并强调，对"三农"问题，不仅分管领导要直接抓，而且党政一把手要亲自抓，地、县两级领导要把主要精力放在农业和农村工作上；各行各业都要树立全局观念，为农民增收贡献力量，在全社会形成有利于农民增收的良好氛围。此后，历年的中央一号文件都锁定解决"三农"问题，均强调把解决好农业、农村、农民问题作为全党工作的重中之重，并做出针对性的具体部署。

也许大多数人并不了解，"把解决好农业、农村、农民问题作为全党工作的重中之重"的提出，是与中国改革开放发展的历程，特别是与"三步走"战略的进程紧密相关的。在胜利实现了现代化建设"三步走"战略的第一步、第二步目标，人民生活总体上达到小康水平之后，2002年11月召开的新世纪首次全国党代会——党的十六大明确提出要优化"低水平的、不全面的、发展很不平衡的小康"，全面建设小康社会。如何才能全面建设小康社会？作为发展短板的"三农"的分量显著增加了。此后，党的十七大、十八大、十九大均强调把解决好农业、农村、农民问题作为全党工作的重中之重这一战略定位，并做出了阶段性的部署。

实现全面建成小康社会的宏伟目标，最繁重、最艰巨的任务在农村。从总体小康到全面小康，是要让老乡和城里人一起拥有小康生活，是全体人民群众生活中方方面面的小康，是承载着中华民族百年梦想的一次"惊险的跳跃"。能不能顺利跃过，关键取决于能否攻克全面建成小康社会的薄弱环节。而这样的薄弱环节，集中地体现在农村贫困地区的贫困人口能否摆脱绝对贫困这一问题上面。重中之重战略定位的确定，对于全党全社会高度重视"三农"发展,对于各个阶层高度重视扶贫工作营造了重要的政治前提。

农业特产税的取消及对农村脱贫的影响

"铸鼎刻铭,告知后人。"2006年,河北省灵寿县清廉村农民王三妮满怀对党的感谢之情,自费铸了一尊三足青铜圆鼎,鼎上铭记了历代田赋变迁,命名为"告别田赋鼎"。如今,这尊鼎就静静地立在中国农业博物馆四号展厅里,代表着无数农民的心情,无声地诉说着时代的变迁。

2005年12月29日,第十届全国人民代表大会常务委员会第十九次会议决定:中国第一届全国人民代表大会常务委员会第九十六次会议于1958年6月3日通过的《中华人民共和国农业税条例》自2006年1月1日起废止。同日,国家主席胡锦涛签署第46号主席令,宣布全面取消农业税。

▲ 告别田赋鼎。

自此，至少运行了2600多年的农业税彻底退出了中国历史舞台。

1

农业税，虽然已经是历史，却代表着长期以来农民对国家发展的超额付出与奉献，是值得我们永远铭记的重要的事儿。

农业税是国家对一切从事农业生产、有农业收入的单位和个人征收的一种税，俗称"公粮"。据史料记载，农业税始于春秋时期鲁国的"初税亩"，到汉初形成制度。在历史上，它是历朝历代得以维持发展的主要经济来源，是中华文明得以永续发展的物质支撑，也是新中国发展工业化、城镇化的主要积累来源。

新中国成立以后，1950年9月中央人民政府批准并公布了《新解放区农业税暂行条例》。1952年后，根据土地制度的改革、农业生产的发展等情况，对农业税政策作了一些调整。1956年起，中国生产关系发生了根本变化，中央开始起草新的农业税条例。

1958年6月3日，第一届全国人大常委会第九十六次会议审议通过了《农业税条例》。这是新中国成立后第一部全国统一的农业税税法。

改革开放之际，农业税制主要有以下两个方面的调整：

一是对贫困地区采取了大量减免税政策。

1978年12月2日，国务院转发《财政部关于减轻农村税收负担问题的报告》。1979年11月9日，财政部在《关于加强农业财务工作的意见》中指出：农业税的征收额应当继续稳定不变，增产不增税。1985年2月28日，财政部印发《关于贫困地区减免农业税问题的意见》，对于符合条件的最困难农户，可以从1985年起给予免征农业税3年至5年的照顾。

二是逐步建立了对农业特产品征税的制度。

1983年11月12日，国务院发布了《关于对农林特产收入征收农业税的若干规定》。1993年2月20日，国务院下发《关于调整农林特产税税率的通知》，对部分农林特产品的税率进行了调整。1994年，配合中国工商税制全面改革，农林特产农业税与原产品税、工商统一税中的农、林、牧、水产品税目（不包括改征屠宰税的生猪、菜牛、菜羊）合并，改为征收农业特产农业税（简称农业特产税）。1994年1月30日，国务院发布了《关于对农业特产收入征收农业税的规定》，它和《农业税条例》两个法律文件成为征收农业税的主要法律依据。

在相当长的时期中，中国农业和农村的发展与变迁在为工业化、城镇化进程作贡献的大背景下前行。农业对工业化、城镇化发展的贡献，除了农业税之外还通过工农产品剪刀差来实现。正是依靠"三农"发展提供的巨额原始积累，新中国从"一穷二白"的起点，逐步建立起比较完整的工业体系和城镇化基础。

(2)

改革开放之后，随着工业化、城镇化和农业现代化都取得长足进步，国民经济实力增强、结构趋优，我们党深刻总结国内外的经验教训，从加强农业、搞活农村入手，推进改革开放，调整工农关系和城乡关系，改变了过去长期强调的农业为工业、农村为城市提供积累和农民就地发展、主要依靠农业致富的做法。

1992年，安徽省涡阳县新兴镇进行了税费制度改革的试验，按照全镇每年的支出总额确定农民的税费总额，税费一并征收，分摊到亩。随后全国一些农业大省纷纷效仿。1993年，河北省的部分地区及安徽阜阳、贵州湄潭、湖南怀化等地方也开始改革试点。这些早期试点改革在具体方式方法上各有不同，但大致说来，有税费合一模式、税费大包干模式、费改税模式等几种类型。这些早期自发进行的局部改革尝试，主要围绕"三提五统"进行，在短期内不同程度地减轻了农民负担，但是存在做法不尽规范、不甚妥当的问题。

为克服地方改革的局限性，中央决定加大力度，从全国、全局的高度指导农村税费改革。1998年9月，中央成立农村税费改革领导小组，统筹推进全国农村税费改革试点工作。2000年3月2日，中共中央、国务院发出《中共中央国务院关于进行农村税费改革试点工作的通知》，明确了农村税费改革的主要内容，标志着农村税费改革正式进入实施阶段。同年安徽试点启动，2001年江苏启动改革试点。2002年改革步伐加快，试点省份新增16个。2003年1月16日，中共中央、国务院发出《中共中央国务院关于做好农业和农村工作的意见》。3月27日，国务院发布《关于全面推进农村税费改革试点工作的意见》，农村税费改革在全国范围内全面推开。由于有安徽、江苏等省份率先试点积累的经验，全国改革试点工作得以顺利推进。此时的农村税费改革已不再是单纯地制止不合理收费，而是要在法律规定的税收幅度内减轻农民的赋税，这意味着农村税费改革迈入一个新的历史阶段。

进入新世纪，解决好"三农"问题被作为全党全国的重中之重，一系列"多予少取放活""强农惠农富农"政策连续出台。当时，以胡锦涛同志为总书记的中央领导集体顺应历史潮流，在处理好工农关系、城乡关系和解决"三农"问题上，进行了一系列具有重大指导意义的理论创新，以新"重农论"为核心的新时期"三农"工作的基本思路和理论体系日渐成熟。

2004年3月，第十届全国人大二次会议的《政府工作报告》提出，自2004年起逐步降低农业税税率，平均每年降低1个百分点以上，5年内取消农业税。

在2004年秋召开的党的十六届四中全会上，胡锦涛总书记提出了"两个趋向"的重要论断："纵观一些工业化国家发展的历程，在工业化初始阶段，农业支持工业、为工业提供积累是带有普遍性的趋向；但在工业化达到相当程度以后，工业反哺农业、城市支持农村，实现工业与农业、城市与农村协调发展，也是带有普遍性的趋向。"在同年12月的中央经济工作会议上，胡锦涛总书记进一步指出，中国现在总体上已到了"以工促农、以城带乡"的发展阶段。

自中央政府宣布逐步取消农业税后，农村税费改革骤然加速。从2004年农村税费改革模式看，主要有三种：第一，全部免征农业税。如吉林、黑龙江、北京、天津、浙江、福建。西藏一直免征农业税，上海于2003年开始免征农业税。第二，降低农业税3个百分点。全国有12个省份实行的是这一模式。第三，降低农业税1个百分点。全国有11个省份执行这一模式。各地积极落实减免农业税的政策，当年全国农税负担平均减轻30%，农业税在全国财政收入中的比重已经不足1%。

2005年，农业税减免进一步提速。当年3月，在第十届全国人大三次会议上，温家宝总理在《政府工作报告》中提出，加快减免农业税步伐，在全国大范围、大幅度减免农业税，2006年在全国各地全部免征农业税，原定5年取消农业税的目标，3年就可以实现。据统计，至2005年底，有28个省份已经全部免征农业税，另外3个省份即河北、山东、云南也已经将农业税率降到了2%以下，并且这3个省中有210个县免征了农业税。至此，农业税已经名存实亡。

随着2005年12月第十届全国人大常委会第十九次会议审议通过废止《农业税条例》的决定草案，农业税在中国成为历史。

3

农业税的取消，体现了党和国家解决好"三农"问题的决心，反映了经济社会发展到一定程度之后的普遍趋势，是深得人心之举。一种趋势要变为现实，必然需要许多条件的铺垫，比如像杜润生这样德高望重的资深"三农"问题专家的郑重建议。

建议给农民免税

（2002年11月9日）

农民的税费在2500亿—3000亿元这个数。

在十六大召开之际，向党中央提一条建议：希望中央明令免除农民赋税5年，5年过后，农村也实行个人所得税制度。理由如下：

（一）在解放战争中，农民贡献了几十万人的生命，换来新中国的建立。解放后，又努力生产，通过统购统销，每年低价出售800亿—1000亿斤粮食，供应农外人口消费，发展工业化。做了这些贡献后，农民现在应该享受一点工业化的红利，从过去以农补工，转变为以工补农。

现在看来，完成这个转变，还要继续一段时间。现在农民处境艰难，需要党和政府及时给予照顾。

（二）我们国家资源禀赋是人多地少，不足20亿亩耕地（1.3亿公顷），由近8亿农民经营，人均2.2亩耕地，一个农户

10亩多耕地，不足1公顷。农业是弱质产业，它承受自然变化风险，又承受市场变化风险，经常处于不确定状态。土地的生产率不是可以无限增长的。因此，农民靠这2亩多土地，解决温饱还可以，走上小康就困难了。农民还必须在农外寻找谋生之路，或者在本地办乡镇企业，或者在农外打工，农业问题需要到农外解决，减少农民，富裕农民。但是让大量农民变成市民，这是涉及很重大的一种制度变迁，受到经济发展的制约，需要较长的时间。

（三）从农民和政府的关系这个角度来考虑，除了国家收购粮食价格和其他工农产品交换的剪刀差之外，农民上缴的税费，包括土地占用税、农牧业特产税和屠宰税，再加上"三提五统"和其他摊派，计算下来大约有2500亿—3000亿元。那么每个农民一年上交的税费是314—377元，目前农民的年收入是2366元，税费平均占到13%—16%。如果扣除下一年投资所用，农民真正可用于日常的生活消费，也就是1500元。

（四）城市居民年收入是6859元，城乡居民收入之比，名义上为2.9:1，实际上可能达到5:1，城乡差别不是缩小，而是在扩大。根据世界银行对36个国家进行的分析，城乡居民收入差距一般低于1.5:1，很少有超过2的。我们必须采取措施，向缩小城乡差别方向努力，取得进步。

（五）以上事实表明，城乡差距更加值得党和政府的关注。有必要对整体处于低收入的农民群体予以照顾。

建议给农民免税5年，向农民传达一个信息：党中央除了领导全国发展经济，从总体上改善人民生活外，还将在国民收入再分配中，对农民这个低收入群体，给予更多的关怀。从减轻负担入手，是一项比较现实的措施。

考察全世界的国家，一般都没有向农民收取职业税，相反，还给予农业补贴。我们国家也给一些农业补贴，每年300亿—400亿，但大都用于大江大河的治理。因为中国农民太多，像发达国家那样直接补贴农民，我们补不起。所以，减轻农民负担，也就等于增加农民收入。中央提出，农村费改税。现正初见成效，就是例证。

（六）我们国家财政收入在16000亿元以上，还有预算外收入，可达到30000亿元，农民的税费2500亿—3000亿元（统计局口径：1050亿），按此数免交5年，国家财政是承担得起的。"三提五统"（约552亿），可以保留，其数额由各省规定上限，不得超过。地方收入减收，可由中央转移支付。5年中，应制定出农村实行个人所得税施行办法。

建议是否可行，望大会审议决定。[①]

在我们党从现代化建设全局出发，提出了把解决好"三农"问题作为全党工作重中之重的战略思想，作出了"两个趋向"的重要论断和中国总体上已进入以工促农、以城带乡发展阶段的重大判断，制定了工业反哺农业、城市支持农村和"多予少取放活"的基本方针，明确了走中国特色农业现

[①] 杜润生：《杜润生自述：中国农村体制改革重大决策纪实》，人民出版社2005年版，第296—298页。

代化道路的基本方向、建设社会主义新农村的战略任务、加快形成城乡经济社会发展一体化新格局的根本要求，制定了一系列强农惠农政策，工业化、城镇化和农业现代化的发展开始趋于协调的重要时节，适时提出取消农业税，体现了被誉为"农民代言人"的杜润生的历史情怀和卓越远见。

取消农业税之后，在以下几个方面产生了积极的影响：

一是大幅度减轻了农民负担。全面取消农业税，清理整顿了各项税费和摊派，有效遏制了曾经一度屡禁不止的农村"三乱"现象，初步建立了农民减负增收的长效机制，使更多农民加快了脱贫的步伐。

二是推动了农村上层建筑的调整。全面取消农业税，有利于加快公共财政覆盖农村的步伐，推动基层政府职能转变，规范基层行政行为，促进农村基层民主政治建设。

三是强化了农业基础地位。加入世界贸易组织（WTO）之后，中国农业面临着严峻挑战。如果对农业征税，则使农业在国际上处于不利竞争地位。取消农业税，有利于增加农业生产投入，提高农业综合生产能力和国际竞争力。

四是开启了统筹城乡发展新纪元。全面取消农业税，标志着中国城乡二元税收制度的终结，使更多农业富余劳动力能够转移到非农产业和城镇就业，有利于他们增收致富摆脱贫困，有利于促进城乡统筹发展，从根本上解决"三农"问题，加快全面建设小康社会的进程。

农民工深度融入工业化城镇化建设

进入21世纪以后,农民工流动就业的高潮再一次兴起。与20世纪后期的民工潮相比,他们的穿着打扮与精神风貌与城市更加融合,在城市就业的范围与贡献更加扩展,他们的收入在整体农民收入中的比例更加举足轻重。许多农民外出打工的开始,就意味着他的家庭脱离贫困的开始。

① 1

2003年,有两个事件加快了农民进城务工的"脚步"。

这一年3月17日晚上,任职于广州某公司的湖北青年孙志刚,一个刚刚到广州工作不久的大学毕业生,在前往网吧的路上,因缺少暂住证,被天河区黄村街派出所警察送至广州市"三无"人员收容遣送中转站收容。次日,孙志刚被收容站送往一家收容人员救治站。在这里,孙志刚受到工作人员以及其他被收容人员的野蛮殴打,于3月20日死于这家收容人员救治站。

根据中国当时的收容遣送制度,警察可以把一个没有本地户口也没有随身携带暂住证的公民关进收容遣送站。这一事件见诸报道后引起众怒,被称为"孙志刚事件"。

两个月后,在媒体、公众和政府部门的共同努力下,实施多年的收容遣送制度被废止。

这起事件的最大受益人群，应该说是农民工群体。因为，农民工曾经是收容遣送制度最大的被"管理"群体，而自此之后，造就这一事件的关键词——"盲流"的法律基础没有了。农民工的社会地位不再是"盲流"了，农民工进城务工越来越被人们比较自然地接受，而嫌弃和轻视农民工的做法越来越不得人心。

同样是在 2003 年，重庆市的一个普通农妇以她不普通的大实话，推动了农民工利益的保护。这年 10 月 24 日，温家宝总理在考察三峡库区移民安置工作途中，来到位于库区腹地的云阳县人和镇龙泉村 10 组看望乡亲。打完猪草回家的熊德明鼓足勇气向总理反映，她的丈夫李建民有 2300 多元的工钱已被拖欠了一年，影响孩子交学费。在温总理的关心下，熊德明一家当晚就拿到了工钱，拖欠农民工工钱的问题也由此引起了社会前所未有的关注。

熊德明向总理说了"实话"，成为维护农民工权益的带头人，并因此荣获 2003 年"CCTV 中国经济年度人物"社会公益奖。她的"实话"开启了中国最大的农民工讨薪运动：重庆市开展"百日欠薪大检查"活动；北京市政府宣布，今后凡是严重拖欠农民工工资的企业将被赶出北京建筑市场；江苏、广东、湖北等省也相继出台政策维护农民工权益。由此，过去拖欠农民工工资的恶劣现象改善了，并让社会更为关注农民工这一弱势群体，提高了他们的生活质量和生存条件。

历史必须铭记这一年——2003 年，国家果断废止了城市收容遣送条例，着手消除对农村劳动力合理流动、进城务工经商的束缚，大规模开展清理拖欠农民工工资行动，大力整治农民工劳动就业环境。这些行动，促进全社会开始正视和重视解决农民工问题，温暖了亿万农民工和他们家人的心，使他们看到了工作和生活可以越来越幸福的希望。

另外，从2004年起，不少省市就开始取消农业税，土地对农村劳动力的束缚进一步解除，也促进了新世纪初的"民工潮"。

2006年，国务院出台了首个解决农民工问题的文件——《国务院关于解决农民工问题的若干意见》，对做好农民工工作进行全面部署。该《意见》要求，所有用人单位招用农民工都必须依法订立并履行劳动合同，建立权责明确的劳动关系。严格执行国家关于劳动合同试用期的规定，不得滥用试用期侵犯农民工权益。劳动保障部门要制定和推行规范的劳动合同文本，加强对用人单位订立和履行劳动合同的指导和监督。要逐步地、有条件地解决长期在城市就业和居住的农民工户籍问题。

2011年，文化部等三部门下发了《关于进一步加强农民工文化工作的意见》，首次对农民工文化建设进行全面部署，是政府促进公共服务均等化和促进农民工融入城市的重要一步。这份《意见》明确，中国将要形成相对完善的"政府主导、企业共建、社会参与"的农民工文化工作机制，建立相对稳定的农民工文化经费保障机制，农民工文化服务将切实纳入公共文化服务体系，并提出了"发挥公益性文化单位的骨干作用""推进重大农民工文化惠民工程建设"等具体措施。

2012年1月，民政部发布的《关于促进农民工融入城市社区的意见》充分肯定："农民工已经成为产业工人的重要组成部分,为推动经济社会发展、促进城市发展繁荣作出了重大贡献。"《意见》要求,构建以社区为载体的农民工服务管理平台,落实政策扎实做好农民工社区就业服务工作,切实保障农民工参与社区自治的权利,健全覆盖农民工的社区服务和管理体系,大力发展丰富多彩的社区文化生活。

(2)

根据国家统计局历年统计资料,1978—1998年,全国农村劳动力外出就业人数从不足200万人增加到6500万人。到2003年,实际外出就业数量已达9900万人,比上年增加500万人。2004年农村外出务工劳动力数量首次超过1亿人,达到1.1823亿人,比上一年增加近2000万人。取消农业税之后,农村劳动力转移又形成了连续数年的快速增长,到2010年达到约2.42亿人。2012年,中国约有2.6亿农民工,外出农民工约1.64亿人,其中约六成是新生代农民工,是城市流动人口的主要组成部分。

乡镇企业仍然是吸纳农民工的重要阵地。到乡镇企业鼎盛时期的2007年,乡镇工业增加值占到全国工业增加值的46.5%;从业人员占农村劳动力总数的29.13%;实缴国家税金占全国税收总额的20%。如今,尽管随着时代的变迁,"乡镇企业"这个名称已经成为历史名词,但是,脱胎于乡镇企业的民营经济,仍然是当前中国发展不可或缺的重要力量。

2006年以后,全国外出农民工每年以600万—800万人的数量增长。其中进入大中城市的，主要在商业、服务业和建筑业就业，包括开出租车、承包或开办餐馆、做小生意。而涌向珠江三角洲、长江三角洲、温州、闽南等发达地区的农民工，则主要进入了加工贸易型制造业，约占当地农民工总数的60%—70%。

农民工的巨大浪潮在城市就业体制改革难有突破之时，促成了一个"体制外"的劳动力市场。它使资源配置转向劳动力密集型产业，为中国沿海地区承接国际产业转移创造了条件，促进了诸如玩具、服装、鞋类、皮革制品等劳动密集型加工业的发展和产品大规模出口。中国成为"世界工厂"，农民工功不可没。在城市环卫、家政、保安、餐饮服务以及其他苦、累、脏、险的岗位就业的，也大都是农民工。农民工不仅已成为第一线产业工人的主体，实际上整个城市的生活离开了农民工将难以运转。

中国农民工的转移主要是从中西部地区流向东部地区，廉价农民工劳动力是东部地区经济增长强劲的动力源之一。深圳市2005年总人口1200多万，户籍居民只有171万人，外来人口达1029万，其中80%是农民工。深圳64%的税收靠制造业，而在制造业就业的员工，85%是农民工。

(3)

这一时期，高速发展的中国成为全球经济舞台的"领跑者"角色，其中与农民和农民工群体的成功"演出"是分不开的。世界银行的数据显示，2010年，中国对世界经济增长的贡献率高达25%，连续两年成为全球经济增长第一引擎。

中国经济对世界的影响，很大一部分体现在"中国制造"，而"中国制造"是以广大农民工为主体的亿万中国产业工人的成就。在继2009年入选美国《时代》年度人物后，2010年，中国产业工人再次作为一个群体，登上美国著名财经杂志《财智》当年"全球最具影响力人物"排行榜，被称为"世界经济最强大的力量之一"。

在国内，随着农民工社会地位和利益保障程度的提高，优秀农民工的政治参与度和知名度也在不断提高之中。陕西岐山县的农民巨晓林，从一位普通农民工做起，成长为中铁电气化局有杰出贡献的高级技师，荣获"全国创先争优优秀共产党员"荣誉称号，受到党和国家领导人的亲切会见；广东佛山市三水区新明珠建陶工业有限公司成品车间副主任胡小燕成为首位当选全国人大代表的农民工；青岛港大港公司装卸二队副队长皮进军，创造了66项绝活，被评选为全国十大杰出进城务工青年；农民工发明家赵正义，36年锲而不舍立足岗位成才，荣获2011年度国家科技进步二等奖，被中国科技泰斗王大珩誉为"当代鲁班"……

庞大的农民工潮对增加农民收入、改变农村面貌、改变农民的命运同样意

▼ 巨晓林在铁路施工现场。
（中铁电气化局　供图）

义非凡。一部分希望改变生存状态的农民背起行囊，离开家园走天涯、闯天下。于是，农村一度出现了"送出一人，全家脱贫"的诱人景象，也带动了更多的农民源源不断地走出家乡，最终涌动成潮。农民工跨区流动是劳动力按市场需求的自发调节和平衡，总的看是巨大的历史进步。当然，民工进城，由于文化的碰撞、生存方式的激变，在他们给城镇带去活力的同时，也给城乡的政治、经济、文化、社会带来一系列有待解决的课题。

实现城乡发展一体化的过程是漫长的，这个过程不仅要让进城农民真正变成市民，还包括统筹城乡协调发展。"民工潮"为解构城乡二元结构提供了持续的压力和推力，促使政策一步一步松动，推动城市政府转变管理方式。城乡一体化的趋势已然出现，而这个过程的完成，将是中国社会实现向现代化转型的一个重要标识。

重新审视贫困问题与脱贫难度

进入21世纪，中国农村的绝对贫困状况发生了显著变化。一是贫困人口规模明显缩小，并进一步集中在西部地区，尤其是少数民族地区、革命老区、边疆地区和特困地区，在西部地区的分布也呈分散化趋势，集中在一些贫困村而非贫困县，3000万没有解决温饱的绝对贫困人口是需要特别关注、重点扶持的特困群体。二是已初步解决温饱的低收入人口，由于生产、生活条件还没有根本改善，抗灾能力很弱，一遇灾病，不少人又会返贫。这些没有稳定解决温饱的低收入人口，同样需要继续扶持。

根据贫困问题的新特点，国家对扶贫战略进行了相应调整。

一是针对有开发能力的绝对贫困人口和低收入贫困人口继续实施开发式扶贫战略，强化国务院扶贫办公室、财政部、国家发展和改革委员会、中国农业银行为核心的政府专项扶贫活动，制定颁发了《中国农村扶贫开发纲要（2001—2010年）》，明确提出，到2010年尽快解决剩余贫困人口的温饱问题，进一步改善贫困地区的生产生活条件，巩固扶贫成果。在继承以往开发式扶贫政策和方式的基础上，将扶贫开发的重点从贫困县转向贫困村，强调群众参与，用参与式方法自下而上地制定和实施扶贫开发规划，继续实行以省为主的扶贫工作负责制。这一时期的扶贫工作与以往相比，最明显的特征就是扶贫目标从县级转移到村级。

二是针对自然条件恶劣、地理区位处于劣势、贫困人口相对集中、贫困发生率相对较高的西部地区和由于重工业发展衰落而导致结构性贫困集中的东北地区，制定实施了西部大开发战略、振兴东北老工业基地战略等区域发展支持政策。

三是针对广大农村地区，实施旨在缩小城乡差距的一系列惠农政策，主要包括五大类：农业生产性支持政策、环境恢复和保护政策、农村教育和人力资源开发政策、农村社会保障政策、基础设施建设政策。

为了落实这些政策，国家加大了财政支农资金投入。近几年各项财政支农资金不断增加,涉及农业、林业、民政、卫生、电力、交通和广播电视等多个政府职能部门,充分体现了中国扶贫工作多部门共同参与的特点。虽然在国家"八七"扶贫攻坚阶段,很多政府职能部门也参与了扶贫工作,但这种参与不是制度上的安排,扶贫工作具有很强的临时性和随意性。随着强农惠农政策的不断出台,多部门参与扶贫成为一种制度上的安排,更加充分体现了社会扶贫的含义。

改革开放之后,中国经济持续快速发展,到2010年前后伴随GDP数据增长反映出经济总量和综合国力的提升,中国已成功举办了北京奥运会、上海世博会等重大活动,成功应对了汶川大地震等重大自然灾害和国际金融危机的影响,经济和社会发展呈现出蓬勃活力,人民生活水平不断提高,贫困人口大幅减少。根据原来的国家扶贫标准,2010年农村的贫困人口从1978年的2.5亿下降到了2688万,为世界发展和减贫事业作出了重要贡献。但中国当时的贫困线标准与世界银行的标准相比,低了一半以上。标准不同,被定义为穷人的数量自然不同;数量不同,则对实践的认识也会不同。

2011年11月底,国务院扶贫办公布了新的国家扶贫标准:农民人均年纯收入2300元(2010年不变价)。这个标准比2009年1196元的标准提高了92%,对应的扶贫对象规模到2011年年底约为1.28亿人,占农村户籍人口比例约为13.4%。

新的国家扶贫标准的公布与实行,显示了党和国家更好地动员全社会力量共同促进扶贫事业,从而更扎实地推动全面小康社会建设和现代化进程的决心。

第五章

聚焦脱贫目标
构筑协同发力大格局

2013—2020年：十八大以来的
精准扶贫与脱贫攻坚

党的十八大之后，距离全面建成小康社会的期限越来越近。

经过多年的努力，容易脱贫的地区和人口已经基本脱贫，剩下的都是难啃的"硬骨头"。

2012年12月，习近平总书记到河北省阜平县考察扶贫开发工作时指出："全面建成小康社会，最艰巨最繁重的任务在农村，特别是在贫困地区。没有农村的小康，特别是没有贫困地区的小康，就没有全面建成小康社会。"

此后，他多次到各地贫困地区考察，并主持召开相关扶贫协作工作会议，强调采取超常规的举措和过硬的办法，倒排工期，算好明细账，决不让一个少数民族、一个地区掉队。

2020年新春伊始，《中共中央国务院关于抓好"三农"领域重点工作确保如期实现全面小康的意见》正式发布。这是新世纪以来，党中央连续发出的第17个"一号文件"。这个"一号文件"对标对表全面建成小康社会目标，强调坚决打赢脱贫攻坚战，加快补上全面小康"三农"领域突出短板。

脱贫攻坚战正在圆满收官，农村同步全面建成小康社会在望。

小康不小康，关键看老乡

2013年12月23日，中央农村工作会议在京举行。习近平总书记率领中央政治局常委班子全体出席会议，并作了重要讲话。他在讲话中强调："小康不小康，关键看老乡。一定要看到，农业还是'四化同步'的短腿，农村还是全面建成小康社会的短板。中国要强，农业必须强；中国要美，农村必须美；中国要富，农民必须富。农业基础稳固，农村和谐稳定，农民安居乐业，整个大局就有保障，各项工作都会比较主动。"

这一深具历史观、大局观的实事求是的讲话，引领了十八大以来中央解决"三农"问题的正确方向，带动了一系列战略战术举措出台，确保了全国农民脱贫攻坚奔小康的进程扎扎实实向前推进。

(1)

"三农"问题的核心是农民问题。习近平总书记平等地看待农民、真诚地看重农民、恰如其分地善待农民的情怀，来自于他对"三农"国情深刻了解的经历。

中国医学科学院研究员、博士生导师雷平生，在《习近平的七年知青岁月》一书中，讲述了和习近平一起在梁家河大队插队时令他印象深刻的这样一件事。

那时候我们已经开始在大队基建队劳动了。基建队的工作，包括修建淤地坝等农田基本建设，队长叫武玉华，是个典型的陕北男子汉，刚强、能干。那时候，他的婆姨、孩子和他一起都在基建队劳动。他的孩子叫"灵娃"，名字好听，可惜智力上有缺陷，当地话就叫"半憨憨"。

……

我们这些知青到基建队以后，武玉华和灵娃妈都有些担心，生怕灵娃和知青们发生冲突。因为知青都是大城市来的小伙，万一灵娃惹到知青发生冲突，伤了谁都担待不起。尤其是当他们知道习近平是大干部的孩子，就更担心了。当我们来到劳动现场的时候，灵娃妈就紧紧地拉着灵娃，不让他乱说乱动，怕他惹出事来。让武玉华和灵娃妈没想到的是，近平在基建队劳动过程中，一直对灵娃都很和气，不仅没有发生过任何矛盾，而且始终都是笑眯眯地对待这个孩子。

那时候，男知青基本都抽烟，劳动中间休息的时候，近平坐在土坎上卷上一支"大炮"，灵娃经常是上去一把就给抢走了，近平对此从来都一笑置之，对灵娃从没有过疾言厉色。我们知青和基建队老乡把这些事看在眼里，武玉华和灵娃妈对此也非常感动，大概之前还没有谁对他们孩子这么宽容、和蔼。近平这个大干部家的孩子到了基建队，原以为灵娃会惹到他，闹出点事情，闯出点祸来。但没想到，有近平在这儿，灵娃反而不受欺负了，愉快自如多了。

几年以后,近平经群众推荐、组织选派要去北京上大学,临行前与大家告别。武玉华和灵娃妈哭得最伤心。[1]

这件往事中,主要人物是用当地话叫"半憨憨"的灵娃。当年的知青小伙习近平,能跟灵娃相安无事,相处甚好,除了性格因素,更重要的在于他通过农村生活经历,已经有了和农民群众融为一体、以心换心的生命历程。

一个党员干部,只有真切地了解基层群众的疾苦和贫困地区群众生活的艰难,才能真正站稳群众立场。在梁家河农村插队劳动锻炼和学习的经历,是当今作为人民领袖的习近平思想、觉悟、感情的重要出发点。

多年前出版的《知青老照片》一书,曾收录有习近平的回忆文章《我是黄土地的儿子》。2012年2月,习近平访美期间出席中美农业高层研讨会,在致辞中深情回顾:"我曾在中国西部地区当过7年农民,还当过一村之长,我在中国河北、福建、浙江和上海等省市任职时也都领导或分管过农业工作,对农业、农村、农民很有感情。"

2

2012年12月29日,在党的十八大提出全面建成小康社会目标背景下,刚担任党的总书记一个多月的习近平从北京出

---

[1]中央党校采访实录编辑室:《习近平的七年知青岁月》,中共中央党校出版社2017年版,第20—21页。

发，冒着零下十几摄氏度的严寒，驱车300多公里来到地处太行山深处的阜平县。阜平是革命老区，是当年晋察冀边区政府所在地，也是全国重点贫困县。

习近平总书记对老区干部群众十分挂念，在新年元旦前特地来到这里看望。紧凑的行程，20多个小时，往来奔波700多公里，走访了两个贫困村，召开了两场座谈会。

30日一大早，习近平总书记在河北省委书记张庆黎陪同下，踏着皑皑残雪，来到地处深山的龙泉关镇骆驼湾村。这个村是特困村，村里608口人有428人为贫困人口。他逐一走进困难群众唐荣斌家、唐宗秀家看望，盘腿坐在炕上，同乡亲手拉手，详细询问他们一年下来有多少收入，粮食够不够吃，过冬的棉被有没有，取暖的煤炭够不够，小孩上学远不远，看病方便不方便。

看到老区一些乡亲尚未摆脱贫困、生活还比较困难，习近平总书记强调，只要有信心，黄土变成金。各级党委和政府要把帮助困难群众特别是革命老区、贫困地区的困难群众脱贫致富摆在更加突出位置，因地制宜、科学规划、分类指导、因势利导，各项扶持政策要进一步向革命老区、贫困地区倾斜，进一步坚定信心、找对路子，坚持苦干实干，推动贫困地区脱贫致富、加快发展。各级领导干部要心里装着困难群众，多做雪中送炭的工作，满腔热情为困难群众办事。

在村民唐荣斌家，新华社记者看到，屋里一口水缸的盖子上放着一桶食用油，地上是一袋50斤的白面，炕上一床崭新的棉被和一件军大衣格外抢眼。唐荣斌对记者说："这些都是总书记送给我的。这么大的领导来我们村,这是头一次。"

一台21英寸彩电是唐荣斌家唯一的大家电。他边把电视打开边说:"总书记就是站在这儿,让我打开电视,问我能看几个台,还问我家里的电话能不能打长途。"

让唐荣斌印象最深的是,总书记叮嘱他要把小孙子的教育搞好,说希望在下一代,下一代要过好生活,首先得有文化。

党的十八大以来,习近平总书记倾注精力最多的是扶贫工作,考察调研最多的是贫困地区。太行山区、六盘山区、秦巴山区、武陵山区、乌蒙山区、大别山区……习近平总书记的不倦足迹,深深印刻在14个集中连片特困地区的山山水水;习近平总书记的殷殷之情,深深温暖着每一名贫困群众的心窝。在脱贫攻坚的每一个阶段,直指难点、把脉开方;在访贫问苦的每一次考察,拿出民生簿、细算脱贫账;在万家团圆的每一个春节,走进贫困群众家中,嘘寒问暖、送上祝福……"脱贫攻坚是我心里最牵挂的一件大事。"[1]"我最牵挂的还是困难群众。"[2]习近平总书记的质朴话语,映照的是人民领袖的赤子之心,展现的是共产党人的责任担当。

2015年以来,习近平总书记就打赢脱贫攻坚战召开了7个专题会议。2015年在延安召开革命老区脱贫致富座谈会、在

---

[1] 引自《习近平在重庆考察并主持召开解决"两不愁三保障"突出问题座谈会》,来源于新华网:http://www.xinhuanet.com/2019-04/17/c_1124379968.htm,发布日期:2019年4月17日,引用日期:2020年2月20日。

[2] 引自《国家主席习近平发表二〇一七年新年贺词》,来源于新华网:http://www.xinhuanet.com/politics/2016-12/31/c_1120227034.htm,发布日期:2016年12月31日,引用日期:2020年2月20日。

贵阳召开部分省区市扶贫攻坚与"十三五"时期经济社会发展座谈会，2016年在银川召开东西部扶贫协作座谈会，2017年在太原召开深度贫困地区脱贫攻坚座谈会，2018年在成都召开打好精准脱贫攻坚战座谈会，2019年在重庆召开解决"两不愁三保障"突出问题座谈会，2020年在北京召开决战决胜脱贫攻坚座谈会。每次围绕一个主题，同时也提出面上的工作要求。每次座谈会前，他都先到贫困地区调研，实地了解情况，听听基层干部群众意见，根据了解到的情况，召集相关省份负责同志进行工作部署。

  据新华社报道，2019年4月15日，习近平总书记一早从北京出发，乘飞机抵达重庆，再转火车、换汽车，翻过一座座山、爬过一道道梁，一路奔波，来到石柱土家族自治县中益乡华溪村。走进老党员、已脱贫户马培清家，已是下午五六点钟。在马培清家的小院里，村民代表、基层干部、扶贫干部、乡村医生，还有已经摘帽的脱贫户聚在一起，总书记亲切地招呼大家坐下来细细聊："换了三种交通工具到这里，就是想实地了解'两不愁三保障'是不是真落地。我们在奔小康。小康不小康，关键看老乡，关键看扶贫工作做得怎么样。贫困群众脱贫最基本的标准，就是'两不愁三保障'。"[1]

---

[1] 引自《这件事我要以钉钉子精神反反复复地去抓》——记习近平总书记在重庆专题调研脱贫攻坚》，来源于新华网：http://www.xinhuanet.com/2019-04/19/c_1124386249.htm，发布日期：2019年4月19日，引用日期：2020年2月20日。

3

每一个重要的历史节点，都是书写家国命运的关键期。

这是一诺千金的庄严承诺："确保到2020年所有贫困地区和贫困人口一道迈入全面小康社会""决不能落下一个贫困地区、一个贫困群众"[①]……以习近平同志为核心的党中央把脱贫攻坚摆在治国理政突出位置，全面打响了脱贫攻坚战。

这是志在消除绝对贫困的攻坚决战："五级书记"抓扶贫，全国共派出25.5万个驻村工作队，截至2020年3月初已累计选派290多万名县级以上党政机关和国有企事业单位干部到贫困村和软弱涣散村担任第一书记或驻村干部，2020年之初在岗91.8万人，带领贫困群众攻堡垒、拔穷根，向绝对贫困发起总攻。

这是全党全社会动员的广泛行动：在深度贫困的云南怒江，一支支工作队扎进贫困山村；在贵州大石山区，一家家企业让当地的土特产飞向全国；在贫瘠的西海固，一个个东西扶贫协作项目带来活力……从东北林海到西南边陲，从乌蒙山区到秦巴腹地，一张张军令状直指最难啃的"硬骨头"，攻坚火力更集中，举措更有力。

2020年3月6日，中共中央总书记、国家主席、中央军委主席习近平在北京出席决战决胜脱贫攻坚座谈会并发表重要

[①]引自《习近平：确保2020年所有贫困地区人口迈入小康》，来源于人民网：http://bj.people.com.cn/n/2015/1129/c233086-27204121.html，发布日期：2015年11月29日，引用日期：2020年2月20日。

讲话。他强调，到 2020 年现行标准下的农村贫困人口全部脱贫，是党中央向全国人民作出的郑重承诺，必须如期实现。这是一场硬仗，越到最后越要紧绷这根弦，不能停顿、不能大意、不能放松。各级党委和政府要不忘初心、牢记使命，坚定信心、顽强奋斗，以更大决心、更强力度推进脱贫攻坚，坚决克服新冠肺炎疫情影响，坚决夺取脱贫攻坚战全面胜利，坚决完成这项对中华民族、对人类都具有重大意义的伟业。

这次座谈会是以电视电话会议形式召开，在各省区市和新疆生产建设兵团以及中西部 22 个省区市所辖市（地、州、盟）、县（市、区、旗）设分会场。这是党的十八大以来脱贫攻坚方面最大规模的会议，目的就是动员全党全国全社会力量，以更大决心、更强力度推进脱贫攻坚，确保取得最后胜利。

这是一个光荣的使命，也是一场艰巨的斗争。2020 年脱贫攻坚任务完成后，中国将提前 10 年实现联合国 2030 年可持续发展议程的减贫目标，世界上没有哪一个国家能在这么短的时间内帮助这么多人脱贫，这对中国和世界都具有重大意义。使命在肩，责任重大。

精准扶贫，精准脱贫

2013 年 11 月 3 日，习近平总书记考察湘西十八洞村时首次提出了"精准扶贫"的重要思想，并做出了"实事求是、因地制宜、分类指导、精准扶贫"的重要指示。此后，他多次要求，采取超常规的举措和过硬的办法，倒排工期，算好明细账，决不让一个少数民族、一个地区掉队。

2015年6月，习近平总书记在贵州召开部分省区市党委主要负责同志座谈会，进一步指出，扶贫开发"贵在精准，重在精准，成败之举在于精准"。

2015年12月，《中共中央国务院关于打赢脱贫攻坚战的决定》公开发布，要求充分发挥政治优势和制度优势，把精准扶贫、精准脱贫作为基本方略，采取超常规举措，拿出过硬办法，举全党全国全社会之力，坚决打赢脱贫攻坚战。

习近平总书记在党的十九大报告中把精准脱贫作为全面建成小康社会必须打好的三大攻坚战之一作出重大部署，为打赢脱贫攻坚战提供了行动指南。此后发布的《中共中央国务院关于打赢脱贫攻坚战三年行动的指导意见》，又全面部署了2018—2020年脱贫攻坚工作。

"精准"二字是这次打赢脱贫攻坚战的突出特征，其要义是扶贫政策和措施要瞄准真正的贫困家庭和人口，采取有针对性的帮扶，从根本上消除导致贫困的各种因素和障碍。而要实现精准扶贫、精准脱贫，需要做到以下六个方面的精准：

一是扶持对象精准。原来的扶贫措施主要针对区域发展，直接到户的扶贫支持措施相对不足。而且，由于到户的措施在不少地方被当成一种福利，存在轮户戴帽、不依据实际收入和消费状况评议、确定扶贫对象不严格等现象。造成一些真正的贫困户享受不到，而非贫困户却在享受扶持政策的情况。按现行贫困标准，2014年底全国有农村贫困人口7017万，贫困发生率7.2%。自2011年起，国家衡量是否贫困的标准为，是否稳定实现不愁吃、不愁穿，义务教育、基本医疗和住房安全有保障。而精准识别扶贫对象的重点，就是要把尚未达到这些标准的贫困农户找出来。因此这次确定扶贫对象的过程中更加注重收入、消费、资产、健康、教育、环境等多维因素，用严格的否决性指标来排除不合乎标准的，将真正的贫困户识别出来。

▼ 参加培训的农民在接受消防操作指导。

二是项目安排精准。尚未脱贫的人口大多致贫原因复杂，42.1%的贫困农户因病致贫，35.5%的贫困农户因缺资金致贫，22.4%的贫困农户因缺技术致贫，16.8%的贫困农户因缺劳力致贫，以及其他原因致贫。但具体到每个贫困户，产生这些致贫原因的情况十分复杂，有的是阶段性的。因此必须综合分析每家每户的情况，然后才能量身定做方案。

三是资金使用精准。当地政府最熟悉情况，也最容易找出办法。扶贫项目确定以后，需要资金跟着项目走。为此，需要地方政府在资金使用上有更多的自主权、更大的资金调度权、更直接的监督检查权。目前，专项扶贫资金管理权基本下放到县一级，资金整合力度明显加大。

四是措施到户精准。原来的扶贫措施并不是基于一家一户制定的，往往是一个村用一个办法、搞同一个项目，药不对症的现象较多。这次的到户扶贫措施要求挨家挨户制定操作性措施，实现与扶贫对象无缝对接。

五是因村派人精准。主要通过选派第一书记和驻村工作队的方式，与现有村干部的力量结合起来，迅速提升扶贫工作能力。这样，就不仅仅能讲得清情况，而且要拿得出办法，做得到有效监督。

六是脱贫成效精准。有了前面五个精准，脱贫成效精准就有了基础。建立科学严格的评估机制，防止"数字脱贫""突击脱贫""象征性脱贫"等现象的产生。

根据脱贫攻坚目标，中央确定了实施精准扶贫的"五个一批"基本路径：对有劳动能力的支持发展特色产业和转移就业，通过发展生产脱贫一批；对"一方水土养不起一方人"的地方，通过易地扶贫搬迁脱贫一批；对生态特别重要和脆弱的地方，通过生态补偿脱贫一批；对有教育培训潜力的，通过发展教育脱贫一批；对因病因灾和生活无稳定保障的通过社会保障兜底一批。

据测算，通过产业扶持，可以解决约3000万人脱贫；通过转移就业，可以解决约1000万人脱贫；通过易地搬迁可以解决1000万人脱贫，总计可脱贫5000万人左右。还有2000余万完全或部分失去劳动能力的贫困人口，通过全部纳入最低生活保障覆盖范围，实现社保政策兜底脱贫。

围绕"五个一批"，中央从发展特色产业、引导劳务输出、加强生态保护、加强教育脱贫、开展医疗保险和医疗救助，探索资产收益扶贫，健全留守儿童、留守妇女、留守老人和残疾人关爱服务体系等方面，明确了相应的政策举措。各地按照"五个一批"的基本路径，仍然在持续发力，加速打赢全面脱贫攻坚战。

关于易地扶贫搬迁。经过调查研究，中央决定对"一方水土养不起一方人"地区中的贫困人口实施易地扶贫搬迁，力争"十三五"期间完成1000万贫困人口搬迁任务，到2020年使搬迁对象生产生活条件明显改善，享有便利可及的基本公共服务，收入水平明显提升，迁出区生态环境有效改善，与全国人民一道进入小康社会。截至2020年2月底，全国易地扶贫已经搬迁了960多万贫困人口，中西部地区还同步搬迁了500万非贫困人口，相当于一个中等国家的人口规模。现在搬得出的问题基本解决了,下一步的重点是稳得住、有就业、逐步能致富。

关于低保兜底脱贫。据测算,到2020年大约还有2000余万贫困人口属于完全或部分丧失劳动能力的人。对这部分人,无法依靠产业扶持和就业帮扶脱贫。中央确定,把这部分人口全部纳入农村最低生活保障范围,实行政策性保障兜底。低保对象是指那些完全或部分丧失劳动能力的人口,以及部分因为特殊原因一时生活无着的人,而有劳动能力的人应在政府和社会的扶持下努力靠自己的劳动摆脱贫困。因此,低保制度不能成为一个养懒汉的制度。

在实施"五个一批"的同时,中央还着眼贫困地区的发展出台了一系列重大举措,包括对贫困地区加快交通、水利、电力建设,加大"互联网+"扶贫和消费扶贫力度,加快农村危房改造和人居环境整治,重点支持革命老区、民族地区、边疆地区、连片特困地区的脱贫攻坚等。为保障这些项目的实施,中央还从财政投入、金融扶贫、用地政策、基层党组织建设、考核督察问责、队伍建设、法制建设等方面制定了相应政策。

立下愚公移山志 打赢脱贫攻坚战

2015年11月,在中央扶贫开发工作会议上,习近平总书记强调,脱贫攻坚战的冲锋号已经吹响,我们要立下愚公移山志,咬定目标、苦干实干,坚决打赢脱贫攻坚战,确保到

2020年所有贫困地区和贫困人口一道迈入全面小康社会。

《愚公移山》是战国时期思想家列御寇创作的一篇寓言故事（见《列子·汤问》），寄托了要克服困难就必须不畏艰难、坚持不懈的寓意。故事的发生地，相传在如今河南济源王屋山一带。

愚公移山的典故虽然已流传两千年，但能够家喻户晓却与发生在现代中国的故事有关。因为，这个故事里的愚公身上，集中体现了中华民族在困难面前不屈不挠的精神和一往无前的行动力。

1945年6月，在中国共产党第七次全国代表大会闭幕式上，毛泽东主席发表了题为《愚公移山》的著名演讲，号召全党发扬愚公移山精神，"下定决心，不怕牺牲，排除万难，去争取胜利"，实现了愚公移山从寓言故事到民族精神的升华。新中国成立后，毛泽东主席又写下了"愚公移山，改造中国"的经典名句，激励全国人民自力更生、艰苦创业。

习近平总书记在讲话中要求立下愚公移山志，坚决打赢脱贫攻坚战，为这一古老的寓言注入了新的精神内涵。

① 1

作为愚公移山精神的原发地，河南省济源市2016年12月把每年的6月11日设立为"愚公移山精神纪念日"，以进一步弘扬愚公移山精神，让愚公故里处处充盈昂扬向上的励志能量。

习近平总书记关于"立下愚公移山志,咬定目标、苦干实干,坚决打赢脱贫攻坚战"的要求,是对全国讲的,但对愚公移山精神的原发地河南济源来讲,更具有特殊的意义。

"太行、王屋二山,方七百里,高万仞,本在冀州之南……"2018年6月,《农民日报》记者到济源市采访当地的脱贫攻坚工作,在愚公故里河南省济源市

▲ 济源扶贫干部王建波与包扶家庭卫强的孩子互动的文字(写于宅门内墙)。

的愚公移山群雕广场看到，这段流传两千余年的古文被遒劲有力地刻写在石壁上，吸引着市民及外地游客驻足品读。

自改革开放以来，济源市的发展在中部走在前列，与传承愚公移山精神也是分不开的。自2005年被列入河南省城乡一体化试点城市后，围绕城乡规划、产业发展、生态环境、社会保障、公共服务、基础设施、城乡治理七个方面，把城乡一体化发展持续引向深入。2013年，济源市被确定为河南省唯一全域规划建设的城乡一体化示范区；2017年，济源市被国家发改委批复为全国唯一全域规划建设的国家产城融合示范区。在城乡建设高标准推进的同时，济源市在经济发展上也在不断创造着济源速度、济源现象、济源品质。

据了解，截至2018年6月，济源市总人口73万，面积1931平方公里，全市共有建档立卡贫困村59个，其中未脱贫村23个；建档立卡贫困人口2116户7218人，其中未脱贫户674户1980人。面对当地的脱贫攻坚任务，济源市政府副市长卫祥玉说："我们济源必须横下一条心，发扬愚公移山精神，锲而不舍、挖山不止，立下愚公移山志，啃下贫困硬骨头，坚决打赢打好脱贫攻坚战，以实际行动向党中央、省委和全市人民交一份满意的答卷。"

2018年是全面贯彻落实党的十九大精神的开局之年，也是济源市打好脱贫攻坚战的总攻之年。济源2018年的《政府工作报告》向全市人民作出庄严承诺：实现有劳动能力的贫困户原则上全部脱贫。为实现这一目标，济源全市上下凝聚各方力量，调动各方资源，拿出总攻的决心、总攻的气势、总攻的精神,强化举措,压实责任,全面打好脱贫攻坚战。

济源近年来把产业扶贫、合作社带贫和消费扶贫作为脱贫攻坚工作的重点,通过济源精准扶贫标志授权使用、成立"携手奔小康"产业扶贫基金等一系列实打实的举措,带动贫困群众增收,为实现稳定脱贫打下坚实基础。济源设立了产业扶贫基金,通过财政注入、企业捐助、消费扶贫公益捐赠等方式筹集资金,主要用于"联镇带村"产业扶贫项目,发展贫困村集体经济项目,持续增加村集体经济收入,带动和巩固扶贫成果。

据了解,济源在2018年底59个建档

▲ 济源精准扶贫标志授权使用开创了消费扶贫公益捐赠的新模式,营造出全社会参与扶贫的良好氛围。
(济源扶贫办 供图)

立卡贫困村全部退出的基础上，2019年底实现了建档立卡贫困人口2073户7084人全部脱贫退出。

济源示范区（2019年前为济源市）扶贫办有关负责人表示，济源作为愚公移山精神的发源地，更有责任、有义务高质量打好打赢脱贫攻坚战。2020年，济源将进一步坚定"立下愚公移山志，打赢脱贫攻坚战"的信心和决心，全力聚焦巩固脱贫成果，做好防返贫工作，强化"四个不摘"，即摘帽不摘责任、摘帽不摘政策、摘帽不摘帮扶、摘帽不摘监管，持续加力推进，防范返贫风险，并将建立健全脱贫成果巩固机制和返贫预警机制，加强对边缘农户、易返贫农户的跟踪和持续帮扶，有效防止贫困人口返贫和新的贫困人口产生，做好与乡村振兴工作的有机衔接，探索脱贫攻坚与乡村振兴有效衔接的济源方案，以脱贫攻坚的高质量助推乡村振兴的高质量。

跟其他一些脱贫难度更大的地方相比，济源的脱贫攻坚工作并不是最艰难的，但作为愚公移山典故的发源地，当地全面地、创新性地完成脱贫工作具有良好的象征和示范意义。

2

作为全国深度贫困"三区三州"之一，怒江州可说是云南乃至全国脱贫攻坚的"上甘岭"。2018年全州4个县（市）均为深度贫困县，255个行政村中还有225个贫困村，16.4万建档立卡贫困人口，贫困发生率为38.14%，是全国平均水平

▲ 六库镇一瞥。(摄于2018年8月)

的10倍以上。

2018年8月,《农民日报》记者到云南怒江采访脱贫攻坚进展情况。记者从州府六库镇出发,海拔还只有800多米,不到一个小时,汽车就驶入海拔2000多米的高山。一边是巉岩峭壁,一边是悬崖深谷。道路虽险,但景色奇美,令记者赞叹不已。开车的余师傅接过话来:"你们刚来看山很美,我们本地人天天看山,只恨这山高,嫌那路远。"

怒江傈僳族自治州位于怒江中游,

因怒江由北向南纵贯全境而得名。全州总面积1.47万平方千米，54.4万人生活在这片土地上，傈僳族、怒族、独龙族、普米族是这里的世居民族，其中独龙族、怒族则是怒江特有的民族，全州少数民族占到总人口的93.6%。

苏义生是怒江州委讲师团团长、新时代农民讲习所专职副所长。2013年从复旦大学博士毕业后，他放弃去国内知名高校教书的机会，一头扎进怒江工作。44天，他走完全州4个县（市）29个乡镇。用脚步丈量过怒江的山山水水之后，苏义生不禁感慨："在怒江生活需要勇气！"

为打赢深度贫困脱贫攻坚战，怒江州建立了打赢深度贫困脱贫攻坚战的责任、政策、工作、投入、动员、监督、考核"七大体系"，成立了以州委书记、州长为"双组长"，州级相关领导为副组长，州直相关部门主要负责人为成员的扶贫开发领导小组。抽调精兵强将，整合各方力量，下派258支驻村扶贫工作队、2129名驻村扶贫工作队员驻乡、驻村，全州挂联单位512家，挂联干部14614人共同投入到脱贫攻坚中来，以易地扶贫搬迁、产业就业扶贫、生态脱贫等"十大工程"为抓手，确保帮扶到户到人、项目到户到人。

2018年8月，记者看到怒江州扶贫办的办公室墙外，悬挂着一张一米见长的脱贫攻坚作战地图。怒江州4个深度贫困县（市）和225个贫困村一目了然，旁边还标注了脱贫摘帽的时间表。除了贡山县2019年脱贫摘帽外，其他3个县（市）均要在2020年脱贫摘帽。

在怒江各贫困村采访，也随处可见类似的作战图，既彰显了分秒必争、时不我待的浓厚氛围，也宣告怒江脱贫攻坚已经决胜在望。

当时54岁的门才科是泸水市洛本卓乡金满村村民，他和大多数村民一样居住在木棍作柱、篱笆当墙、木板为顶的"千脚落地楼"里，人畜混居，不避风雨。2017年10月，门才科和本村87户395人一起搬进了山下11公里的"巴尼小镇"。这是怒江州2016年列入易地扶贫搬迁3年行动计划中的集中安置点。巴尼小镇总规划安置160户677人，户均建筑面积95.2平方米，2018年8月前已全部搬迁入住。

怒江州发改委党组成员、副主任刘会平告诉记者，当时，怒江州纳入云南省65万人规划内的搬迁规模32856人，涉及的62个安置点已全面开工建设，其中竣工37个安置点，竣工率59.7%，2018年12月底全部搬迁入住。

"来怒江之前，很难想象居然还有这么深的贫困。感叹之余，我深刻认识到脱贫攻坚这项事业的伟大，因为困扰中国历史数千年之久的贫困问题将在我们这一代人手中消除。"王梓是怒江州泸水市上江镇一名90后副镇长，记者见到他的前一年，他是上江镇大练地村"第一书记"，再往前追，他是云南省教育厅统战部干部，北京大学马克思主义学院2016届硕士毕业生。

"离2020年不到两年了，大练地村能如期脱贫吗？"记者问。

"能！这个信心必须有。"王梓告诉记者，贫困村脱贫出列有10项指标，当时大练地村已经完成8项指标。"决胜全面小康，怒江不会掉队！"王梓露出坚定而自信的笑容。

3

2020年1月，庚子年春节之际暴发的新冠肺炎疫情，对绝大多数中国人来说是一生一次的经历。因为，这次疫情是新中国成立以来在中国发生的传播速度最快、感染范围最广、防控难度最大的一次重大突发公共卫生事件。疫情规模、死亡人数、全球影响，比2003年的非典要高一个数量级。学名COVID-19的新冠病毒比SARS病毒要"狡猾"得多，对中国与全球经济的影响也要大得多，对如期打赢脱贫攻坚战形成了严峻的考验。

疫情发生后，在党中央的坚强领导下，中国举全国之力急驰支援武汉，29个省区市和新疆生产建设兵团、军队等调派330多支医疗队、41600多名医护人员驰援汇集疫区，19个省份对口定点支援，10天迅速开设建成火神山、雷神山等集中收治医院和方舱医院。中国向世界展示了强大的动员能力、组织能力和协调能力，世界看到了中国人民的凝聚力。同时，世界也在关注着：已在倒计时的中国脱贫攻坚战如何进展？

在还剩只有300天左右的时间里，在克服疫情带来的问题的同时，脱贫攻坚任务十分艰巨：剩余的都是贫中之贫、困中之困，是最难啃的硬骨头；已脱贫的地区和人口巩固脱贫成果难度很大，脱贫攻坚中存在的一些数字脱贫、虚假脱贫等问题亟待纠正解决，脱贫攻坚工作力度需要进一步加强。

原本就有不少硬仗要打,再加上新冠肺炎疫情带来新的挑战,可以预见,如期兑现承诺,面临的挑战会比以往更多,任务会更艰巨,情况会更复杂。

面对疫情带来的对脱贫攻坚工作的挑战,党中央和相关机构迅速做出了部署和应对。

"到2020年现行标准下的农村贫困人口全部脱贫,是党中央向全国人民作出的郑重承诺,必须如期实现。""克服新冠肺炎疫情影响,凝心聚力打赢脱贫攻坚战,确保如期完成脱贫攻坚目标任务,确保全面建成小康社会。"①习近平总书记在决战决胜脱贫攻坚座谈会上发出脱贫攻坚战的总攻新号令,吹响了全国脱贫攻坚再发力的号角。

2020年2月中旬,人社部、公安部、交通部、国家卫健委、国家铁路集团等五部门印发《关于做好农民工返岗复工"点对点"服务保障工作的通知》,组织开展对用工集中地区和集中企业"点对点"的农民工专车(专列)运输服务,保障成规模、成批次外出的农民工安全有序返岗复工。通知明确了五方面具体举措,包括开通线上线下报名渠道,摸清出行需求;根据农民工集中返岗需求,制定专门运输方案,开展行前服务;提前集中登记信息,按照"一车一方案",组织返岗运输;及时对接有关企业组织,做好抵达地交接;加强上岗防护保障。

国务院扶贫办2月下旬印发通知,要求积极应对新冠肺炎

---

①习近平:《在决战决胜脱贫攻坚座谈会上的讲话》,载《人民日报》,2020年3月7日第2版。

疫情影响，切实做好驻村帮扶工作，再加把劲，狠抓攻坚工作落实，确保脱贫攻坚任务如期完成。通知要求，派驻地在湖北省以外的驻村干部，原则上在2月底前后返岗，迅速开展工作。已经脱贫退出的村，坚决落实"摘帽不摘帮扶"工作要求，切实做到驻村队伍不撤、驻村队员不减。根据需要对挂牌督战的深度贫困村充实加强驻村帮扶力量。坚决纠正挂名驻村、两头跑、松劲懈怠、出工不出力等问题。

2020年3月7日，国务院联防联控机制就农民工返岗复工"点对点"服务保障有关工作举行发布会，人力资源和社会保障部农民工工作司司长尚建华表示，2020年受疫情影响，农民工外出务工时间较往年有所推迟；随着目前复工复产政策的出台，目前农民工返岗复工在有序推进，从各地监测的情况看，返岗复工的农民工达到7800万，占2020年春节返乡的60%；从目前返岗复工的流向看，主要是长三角和珠三角，广东、浙江外省农民工返岗复工率达到70%，江苏外省农民工返岗复工率约60%。

2020年3月8日，民政部召开全国民政系统脱贫攻坚兜底保障动员大会视频会议，要求各级民政部门努力克服疫情影响，坚决完成脱贫攻坚兜底保障各项任务，确保2020年所有贫困地区和贫困人口一道迈入小康社会。会议提出5项举措，包括：实施社会救助兜底脱贫行动；加强特殊困难群体关爱帮扶；动员引导社会力量广泛参与脱贫攻坚；统筹民政领域脱贫攻坚相关各项工作；聚焦"三区三州"等深度贫困地区集中发力。

抗击突发的疫情让世界感受到中华民族之所以历经辉煌到衰落、又再次从衰落走向伟大复兴，靠的是上下同心、众志成城，靠的是国家统一调度、自上而下的动员能力。而在另一场更重大的没有硝烟的战役中，中国共产党带领中国人民立下愚公移山志，书写出的打赢脱贫攻坚战的"中国故事"、发出的"中国声音"更值得世界铭记。

愚公移山精神作为中华民族重要的精神遗产，体现着造福百姓、坚不可摧的强烈愿望与决心，体现着持之以恒、百折不挠的行动力，体现着团结一心、众志成城的凝聚力，与当代我们进行伟大斗争、建设伟大工程、推进伟大事业、实现伟大梦想在本质上是一脉相承的。

愚公移山精神不仅在打赢脱贫攻坚战中要发扬好，在实施乡村振兴战略接下来更艰巨的任务中，更需要发扬。

不获全胜，决不收兵

随着时间的推移，决战决胜脱贫攻坚的精准收官阶段到来了。

根据现行的贫困标准，中国的贫困人口数量，从2012年年底的9899万人减到2019年年底的551万人，贫困发生率由10.2%降至0.6%，连续7年每年减贫1000万人以上。到2020年2月底，全国832个贫困县中已有601个宣布摘帽，179个正在进行退出检查，未摘帽县还有52个，区域性整体贫困基本得到解决。

中国从20世纪80年代开始扶贫，有两个基本情况。一个是以当时的扶贫标准，贫困人口减到3000万左右就减不动了，另一个是戴贫困县帽子的越扶越多。这次脱贫攻坚扭转了这种趋势。

促成这种扭转的是认真落实脱贫攻坚责任的相关制度。

在2015年召开的中央扶贫开发工作会议上，22个中西部省份党政主要负责人已经向中央立下脱贫攻坚"军令状"。

2016年中央制定的《脱贫攻坚责任制实施办法》，明确了脱贫攻坚按照中央统筹、省负总责、市县抓落实的工作机制，构建责任清晰、各负其责、合力攻坚的责任体系。再次强调省级党委和政府对本地区脱贫攻坚工作负总责，并确保责任制层层落实；结合本地区实际制定政策措施，根据脱贫目标任务制定省级脱贫攻坚滚动规划和年度计划并组织实施。市级党委和政府负责协调域内跨县扶贫项目，对项目实施、资金使用和管理、脱贫目标任务完成等工作进行督促、检查和监督；县级党委和政府承担脱贫攻坚主体责任，负责制定脱贫攻坚实施规划，优化配置各类资源要素，组织落实各项政策措施，县级党委和政府主要负责人是第一责任人。《办法》还要求，西部扶贫协作和对口支援双方各级党政主要负责人必须亲力亲为，推动建立精准对接机制，聚焦脱贫攻坚，注重帮扶成效，加强产业带动、劳务协作、人才交流等方面的合作。东部地区应当根据财力增长情况，逐步增加帮扶投入；西部地区应当主动对接，整合用好资源。

2017年11月1日，国务院扶贫办就全国贫困县脱贫摘帽情况召开新闻发布会。国务院扶贫办党组成员夏更生在会上表示，2016年，全国共有28个贫困县脱贫摘帽，这是1986年国家设定贫困县31年来，历史上第一次实现贫困县数量净减少；2017年全国将计划完成约100个贫困县的脱贫摘帽工作。

2020年新年伊始，多地密集亮出脱贫攻坚成绩单，部分省份宣布当地贫困县全部摘帽。与此同时，国务院扶贫办、财政部、国家卫健委等多部门也密集部署相关政策，确保如期打赢脱贫攻坚战。

2020年3月5日，内蒙古自治区鄂伦春旗等20个贫困旗县正式退出贫困县序列，至此，内蒙古所有贫困旗县全部脱贫摘帽。

刘景双是鄂伦春旗齐奇岭村村民，贫穷的日子一度压得他喘不过气来。政府为他申请无息贷款，帮助他发展食用菌种植产业。靠食用菌种植，老刘每年的纯收入能达到4万多元。

脱贫攻坚战打响以来，鄂伦春旗培育了食用菌、中草药、牛羊养殖等扶贫产业，带动全旗48个贫困村全部出列，通过脱贫攻坚，内蒙古贫困发生率由2013年底的11.7%下降到现在的0.11%，3694个贫困村全部脱贫出列。

截至2020年3月5日，2019年申请摘帽的贫困县，中西部22个省区市中，河北、山西、内蒙古、黑龙江、河南、湖南、海南、重庆、四川、贵州、西藏、陕西、甘肃、宁夏、新疆15个省区市的242个贫困县已宣布脱贫摘帽。其中，河北、山西、内蒙古、黑龙江、河南、湖南、海南、重庆、西藏、陕西10省区市的贫困县实现了全部脱贫摘帽。

2020年2月初，国务院扶贫开发领导小组印发的《关于开展挂牌督战工作的指导意见》显示，中国将对2019年底全国未摘帽的52个贫困县，以及贫困人口超过1000人和贫困发生率超过10%的共1113个贫困村进行挂牌督战，及时解决制约完成脱贫攻坚任务的突出问题，确保贫困人口如期脱贫、贫困县全部摘帽。

《指导意见》明确要求各地各单位重点督战五项内容：一是义务教育、基本医疗、住房安全和饮水安全保障情况；二是贫困家庭劳动力新增转移就业、公益岗位新增就业、无劳动能力家庭兜底保障情况；三是易地扶贫搬迁入住和后续帮扶措施落实情况；四是不稳定脱贫户和边缘户的动态监测和帮扶情况；五是中央专项巡视"回头看"、2019年扶贫成效考核以及各地"大排查"等发现问题整改情况。

意见强调，挂牌督战要贯彻中央统筹、省负总责、市县抓落实的体制机制，国务院扶贫开发领导小组负责挂牌督战工作的统筹协调，研判形势，研究部署工作，组织有关力量对挂牌县、村开展实地督导。国务院扶贫办跟踪分析各地督战进度，及时发现问题，及时汇报情况，及时推动解决。

意见要求，国务院扶贫开发领导小组成员单位按照领导小组的统一部署开展督导，推动政策资金倾斜聚焦，指导帮助各地解决突出问题。承担东西扶贫协作任务的相关省市和中央定点帮扶单位切实履行帮扶责任，聚焦挂牌县、村的突出困难和问题，进一步加大支持力度。

据介绍，中部地区贫困县贫困发生率降至2%以下，西部地区降至3%以下，是贫困县退出的主要衡量标准。比如河南2013年贫困发生率是8.79%，如今53个贫困县清零后，下降至0.41%，累计实现651.1万农村贫困人口脱贫、9484个贫困村退出。山西2014年识别贫困村7993个，农村贫困人口329万，贫困发生率13.6%，经过多年努力，如今58个贫困县（区）已全部脱贫摘帽，区域性整体贫困问题基本得到解决。

在接下来的时间里，笔者相信，只要坚持精准扶贫、精准脱贫的基本方略；坚持中央统筹、省负总责、市县抓落实的工作机制；坚持大扶贫工作格局；坚持脱贫攻坚目标和现行扶贫标准，聚焦深度贫困地区和特殊贫困群体，突出问题导向，优化政策供给，下足绣花功夫，着力激发贫困人口内生动力，着力夯实贫困人口稳定脱贫基础，着力加强扶贫领域作风建设，切实提高贫困人口获得感，中国脱贫攻坚战必胜！全面建成小康社会必将实现！

第六章

"不忘初心、牢记使命"永远在路上

后全面小康时代"三农"问题的解决之道

100年来，为了过上更富裕更美好的生活，亿万农民在中国共产党领导下进行了艰辛的努力和奋斗。

一部《兴国土地法》让千千万万苏区农民看到希望，坚定地跟着红军走；新中国建立初期轰轰烈烈的土改和农村合作化运动，燃起了亿万农民的富裕之梦；改革开放后，农村实行家庭联产承包经营责任制度，在极短时期内解决了广大农民的温饱问题，为乡村开启了增收致富之途；新世纪以来，在"重中之重"战略定位影响下，农民增收幅度加快，特别是党的十八大以来，高度重视脱贫攻坚工作，实现全面建成小康社会的百年目标，乡村振兴也呈现出无比美好的发展前景。

与自身相比，当前农民收入的增长与农村生活环境的改善，已经到了与贫困时期不可同日而语的程度。但是，在工业化、城镇化、信息化快速发展的形势下，与城市居民相比，与农民群众对美好生活的期待相比，与乡村振兴的目标相比，与中国梦的民生目标相比，农业农村发展仍然面临着极为艰巨的任务。

脱贫攻坚是乡村振兴的前哨战

习近平总书记指出："打好脱贫攻坚战是实施乡村振兴战

略的优先任务。"①这是对脱贫攻坚与乡村振兴关系的最明了的阐释、最明确的定位和要求。

自古以来,国人代代相传至今,最美好的愿望是什么?一言以蔽之,就是希望自己过上好日子,后人一代更比一代强。完成脱贫,实现小康,日子好过了一些,接下来还不能松劲,还需要向着过得更好的方向继续努力。

① 1

因为工作的关系,笔者熟悉一位驻村第一书记和他的村庄。

令笔者印象深刻的是,他跟我谈起,脱贫攻坚的"两不愁三保障"目标,经过努力是肯定能够按期实现的,但那仍然是较低层次的。他决定自我加压,利用驻村扶贫3年的时间,争取给村子带来更多积极的变化,不仅贫困户脱贫致富更有保障,全村村民的物质文化生活也都能站上更高的台阶,在稳定脱贫后接续推进乡村振兴就可以不再落伍。

因为,他非常清楚,实施乡村振兴战略是党的十九大做出的重大决策部署,是决胜全面建成小康社会、全面建设社会主义现代化国家的重大历史任务,是新时代"三农"工作的总抓手。

这位书记就是70后严春晓,村子叫曲长城村。

---

①引自《习近平主持中共中央政治局第八次集体学习》,来源于新华网:http://www.xinhuanet.com/politics/leaders/2018-09/22/c_1123470956.htm,发布日期:2018年9月22日,引用日期:2020年2月22日。

严春晓是在2018年3月8日，主动担当，再度出征，到河北省张家口市阳原县揣骨疃镇曲长城村担任村支部第一书记兼扶贫工作队队长的。他从河北省农业农村厅产业扶贫办公室主任的岗位赴此任，之前他曾挂职中共万全县（现万全区）委常委两年，负责定点扶贫工作。他认为，驻村扶贫征程更有挑战性。

严春晓所进驻的曲长城村，有1146户3003口人，有21.5平方公里的国土面积，南依恒山余脉，北靠桑干河，地理位置独特，自然风光秀美。由于地势比较开阔平坦，村民居住比较集中，保存了迄今已近500年的明代城堡遗迹、古城门等建筑。村里的产业以零星传统农业为主，种植玉米、高粱、谷子、向日葵等。除了一些皮毛加工外，村里还有一些传统的手工作坊制作豆腐、香油、粉条等。村里的用电没有问题，日常做饭是柴火、煤、电各显其能。传统农村自给自足的特点仍然比较明显。

曲长城村还是历史文化名村，村里有"背阁""木偶戏"两个省级非物质文化遗产，2018年9月曲长城村的"背阁古戏颂丰收"被评为首届中国农民丰收节"100个乡村文化活动"之一，每逢春节等重要节日，艺人们都会受邀到镇、县、市参加演出。

但是，由于村域水质逐年变差，大片耕地变成盐碱地，农业综合生产能力大大降低，田间收入微薄，没有成形产业，许多村民被迫外出打工，村庄走在萧条衰败的下坡路上。2018年初有建档立卡贫困户557户1263人，其中脱贫享受政策201户542

人,是河北省最大的深度贫困村。村子应有的优势显然很大程度没有发挥出来。

②

在严春晓的带领下,驻村工作队很快了解了村情,并深刻地认识到,水是曲长城村的命脉,当务之急就是要让村民喝上健康好水。由于之前当地认为曲长城村内没有好水了,所以解决村民正常饮水的办法只有从他村引水,定时供水,走了一些弯路。工作队在摸清基本情况后,通过多方联络联系上河北省煤

▼ 扶贫工作队历尽艰难解决饮水安全问题,新水井终于出水。(曲长城村委会 供图)

田地质局水文地质队的专家。专家在调阅水文资料并实地勘察后认为村内有好水,并建议另辟蹊径,在村南山脚下打井。

当时,90%的村民不相信能在南山脚下打出水来,甚至认为驻村干部就是"瞎胡闹"。加上山脚下土质复杂、塌陷严重,大型设备使不上劲儿,换上传统设备又进度缓慢,施工队几次打算放弃打井,最艰难时只剩下一位工人在坚持。严春晓和工作队力主不能放弃,每天两次上山送饭,连续送了20多天。

笔者曾到曲长城村驻村调研一周,很高兴曾参与为工人做饭、送饭。当时是2018年11月,天气已经有些冷了,工人搭棚子住在山上,用较为简单的设备不间断施工,进展非常缓慢。听说后来又换了大型设备进一步施工。

经过几个月的努力,新井终于在2019年1月2日出水,并经权威机构化验为优质富锶山泉水。

这可是村里的大事!出水的时候,很多村民觉着那天比过年还高兴。

工作队抓住"水"这一发展命脉,解决了吃水难的问题,也给整个阳原县解决类似问题提供了新思路。水的问题解决之后,村里的老百姓对工作队的看法也发生了根本转变,从原来的半信半疑、观望到信任、支持。

③

在解决水的问题之前,严春晓已经与县里和镇里充分沟

▲ 曲长城村新建居民小区工地。(摄于2019年11月)

通论证,决定利用国家新出台的对深度贫困地区土地"增减挂钩"政策,全面谋划村庄改造的计划,简单来说,就是将破旧土坯房拆除恢复成耕地,用指标交易收入集中建设宜居小区,既一揽子解决水、路、气、暖、厕、卫等问题,又整理出大量耕地,发展集体高效产业。在笔者调研期间,村里已制定了房屋改造补偿安置方案,征求了村民意见,正在由专业团队进行入户测量工作。

笔者在村里入户走访时,村民谈起以后的发展都很高兴很有信心。70多岁的老党员苏全仁竖起大拇指说:"严书记是一名真正的共产党员!"

村民的信任、支持,为接下来的工作奠定了很好的基础。

2019年11月,笔者再到曲长城村里时,看到规划的新村一期工程已经有五六栋楼建得有些模样了。因为土层正在封冻,所以工地停工了。根据规划,新盖楼房,有2居室,有3居室,村民在村里固定奖补55—60平方米的基础上,再以自家宅基地置换楼房,多退少补。笔者一行人走访了一些农户,基本上不用再交钱,如果愿意置换面积稍大一点的

▼ 工作队带领村民发展的300亩河北皇菊。(曲长城村委会 供图)

补交金额一般在5000—20000元之间。新盖楼房虽只有6层，但考虑到村中老人居多，故每栋安装电梯。村里提供统一装修方案，基本可实现拎包入住。如果有人想自己单独装修，则装修花费会折价退还给个人。

产业发展方面，据严春晓介绍，曲长城村目前已建成了以河北皇菊、丰花玫瑰、观赏花海、抗寒苹果、赞皇福枣、昌平草莓"三花三果"为主体的400亩冷凉地区特色精品产业示范园区，引导发展1600亩优质张杂谷，建设一座集产品烘干、谷物加工、果品保鲜等功能于一体的农产品加工厂，促进种、养、加、游、电全产业链发展。为了将发展动能传导到贫困户身上，探索建立了"帮扶单位+龙头企业+集体合作社"的定向传导机制。驻村工作队指导村里成立了种植、养殖两个集体专业合作社，并与龙头企业建立"保底收购、以利还本、延付资金"合作模式，签订产品回购合同，保证村里有收益、不亏损。

(4)

严春晓很明白，他这个书记和扶贫工作队毕竟是"飞鸽"牌的，村里长久的发展还是要靠坚强的本村"两委"班子和广大村民的积极参与。

2018年村里换届，选举出了年富力强、公道正派的带头人武晓敏担任支部书记兼村主任。不少资深的村干部组成了村委班子。驻村工作队还有两名骨干成员韩廷耕、张占伟，也是由省农业农村厅委派前来的，素质全面，作风扎实，对做好促进脱贫攻坚工作乃至乡村振兴发展充满激情。他们都是严春晓开展各方面工作的得力助手。

为了统一发展思路，在工作中形成合力，第一书记严春晓率领工作队多次与村"两委"班子和党员座谈、了解情况，组织学习讨论党的十九大以来的中央精神，围绕脱贫攻坚和乡村振兴战略，凝聚共识谋发展。同时，为全面主导舆论阵地，严春晓牵头创建一个党建群和四个村民实名微信群，总共超过2000名成员，并带头在群里坚持正面引导激励，宣讲党的政策和帮扶举措，回应各类关切和社会热点问题，遏制消极负面言论，架起与村民的连心桥。

笔者曾经把"如果严书记在三年后离开，村里各方面工作可能难以持续"的担心，直言不讳地告诉严春晓。他回答说，他的体会是扶贫帮扶需要能量转化。真正不会走的队伍是农民自己，大包大揽容易让地方患上"依赖症"，以至于出现"干部一走、产业就散"的心理恐慌与可能困境，所以扶贫帮扶一定要激发群众自身的动能和能量。因此，在产业扶持项目选择上注重因地制宜，充分利用独特资源禀赋，发挥比较优势，实现差异竞争、错位发展，做到人无我有、人有我新、人新我特，注重补齐贫困地区产业发展的科技短板，使专家团队、农技人员和土专家、有劳动技能的贫困群众三者缺一不可。另外，把培育品牌特别是区域公用品牌，作为提高贫困地区特色产业质量效益和竞争力的重要抓手；培育好一个品牌，可以兴盛一个产业、富裕一方百姓。

这位致力于在确保完成扶贫任务的同时，给下一步乡村振兴打好基础的第一书记，希望自己离开村庄时"不带走一片云彩"，而村子发展的势头一直保持。

5

为了让村庄的未来更有希望，严春晓为促进村里的小学校发展下了很大功夫。

记得第一次到曲长城村的当天，严春晓带领笔者首先到了村小学。见到学校的肖海文校长时，他刚从运煤车上卸完学校过冬取暖的煤，手上满是煤灰，脸上也沾上了灰黑。他双手摊了一下，示意不握手了。跟他聊起学校的情况，他并不抱怨自己不得不做这种体力活，最担心的却是学校的生源在逐年减少的趋势。参观教室时，看到设施尚可，活动黑板墙上安装了用于电化教学的大屏幕电视，校长说可以进行实时互联网教学。学校能容纳200名学生，最多时学生数量达到150人左右，当时有12名教师，77名学生。

如何提高学校教学质量，并最终带动适龄儿童回流读书？最近，笔者了解到曲长城村工作队争取团中央基金支持，为全村50名贫困小学生每人资助了1000元；争取相关基金和部门支持，为全村16名家庭特别困难的中小学生，每学期发放500—1500元的助学金，让他们能够安心上学，确保义务教育阶段无辍学学生。此外，工作队3名队员直接融入曲长城小学日常教学，在不打乱日常教学秩序的基础上，开展综合素质提升教育。工作队还在曲长城小学协调设立河北师范大学社会实践基地，在寒暑假期间先后邀请18名在校大学生，为近200名中小学生开展公益辅导，为优秀学生发放奖学金。

更为关键的是，在县里相关部门的支持下，工作队牵头创建"村校共建模式"，招录2名专业特岗教师，新聘1名优秀编外教师，实施教学质量奖和全勤奖，对接社会资源进校园，一系列硬措施让曲长城小学焕然一新，教与学激情充分激发。教学质量有保障之后，入读学生数量有了明显上升，2019年下半年新转入19名学生，同时一年级新生达到18人（为各年级最多），为打造优质乡村教育奠定了坚实基础。

孩子是祖国的花朵，在他们身上寄托着村庄、村民家庭未来更美好的生活。

如同打仗，对于解决"三农"问题来说，脱贫攻坚只是前哨战，更多的地方实施乡村振兴战略的任务也在陆续破题，需要相关各方共同努力去完成好。

巩固全面小康成果与跳出"中等收入陷阱"

2020年1月，国家统计局发布的数据显示，初步核算，2019年中国GDP为990865亿元，按可比价格计算，比上年增长6.1%；2019年中国人均GDP为70892元，按年平均汇率折算为10276美元，首次突破1万美元大关。

这的确是值得欣喜的前所未有的发展数据。从国际经验看，人均GDP超1万美元是中等以上人口规模国家发展的重要节点。此前，还从未有过一个人口10亿以上规模的国家，人均GDP达到1万美元。但是，从全球化浪潮的角度，自改革开放以来，中国基本已吃完全球化技术扩散红利及全球化市场红利，正处在能否跨越"中等收入陷阱"的关键阶段。在全面建成小康社会的基础上，中国需要百尺竿头更进一步，成功地跨越"中等收入陷阱"。

世界银行于2006年在《东亚经济发展报告》中，首度提出"中等收入陷阱"这一名词，并描述性地指出："使各经济体赖以从低收入经济体成长为中等收入经济体的战略，对于它们向高收入经济体攀升是不能够重复使用的，进一步的经济增长被原有的增长机制锁定，人均国民收入难以突破1万美元的上限，一国很容易进入经济增长阶段的停滞徘徊期。"在这种特殊的停滞徘徊期内，经济增长往往呈现低速、停滞甚至急转直下、雪上加霜并难以企稳向好的特征，被形象地称为"落入中等收入陷阱"。

发达经济体崛起之路显示，1950年以来，仅有10余个国家和地区成功步入高收入阶段。其中多数样本属于小规模甚至极小规模经济体，对中国基本无借鉴意义；长期处于中等收入阶段的经济体，也并不是没有经历所谓"黄金增长期"，但其后轨迹大相径庭，如拉美地区在经历30年高速经济增长阶段后陷入泥潭般裹足不前，而日本则在经历27年的高速经济增长后步入高收入阶段，跻身发达经济体之林。总而言之，我们看到少数经济体得以完成经济追赶步入高收入阶段，而多数未能完成追赶的经济体则在较长时期内滞留于中等收入阶段。正是对于各历史发展阶段中不同经济体真实存在的经济发展现象，基于统计数据考察而做出的总结，在全球范围内已产生较广泛的影响。结合全球格局，从经济社会发展现状来看，中国正面临"中等收入陷阱"的考验。

贾康、苏京春等学者认为，中国正在实施"三步走"现代化战略，经济增长正在步入"新常态"，面临着"胡焕庸线"格局下的能源、资源和生态环境制约；在诸多因素的综合作用下，中国直面"中等收入陷阱"，必须处理好转型发展问题，如果升级换代处理不好，未来可能既无法在低廉劳动成本方面与低收入国家竞争，又无法在高新尖端技术和现代服务业方面与高收入国家竞争。全球格局下中国不能仅仅依靠"比较优势"，而是必须顶住经济发展先行者对后来者的压力，力求通过追赶真正达到赶超。在追赶过程中，中国已经基本上走过技术模仿的阶段，赶超阶段制度红利的发挥及其对技术创新激发作用的重要性愈发凸显，而中国的制度变革亟待攻坚克难，取得决定性成果。

笔者认为，南美的阿根廷、巴西、墨西哥和亚洲的马来西亚、泰国等，在20世纪70年代进入中等收入国家行列后，之所以陷入发展长期停滞、经济增长乏力、贫富差距拉大、社会矛盾多发的"中等收入陷阱"，除了各自一些特殊原因之外，共同的原因在于国家对经济发展的宏观调控能力较低，以及城乡关系调和等方面的欠缺。中国则不同，有着中国共产党的坚强领导，有强大的组织体系和动员能力，而且从改革开放之初就确立了"我们的政策是让一部分人、一部分地区先富起来,以带动和帮助落后的地区,先进地区帮助落后地区是一个义务。我们坚持走社会主义道路,根本目标是实现共同富裕"[①]的战略定位。虽然在中国工业化、城镇化加速推进过程中,农村土地、资金、劳动力等生产要素也曾出现加速外流的趋势,一些乡村也面临凋敝的风险,但是党和政府及时做出了积极应对,比如取消农业税、实施一系列强农惠农政策、确立乡村振兴战略等,有效调节了城乡工农关系,使经济社会发展向着城乡一体化协调发展的方向迈进。比如,在一系列的措施与制度推进下实施乡村振兴战略。

2017年10月,党的十九大报告指出要实施乡村振兴战略,强调农业农村农民问题是关系国计民生的根本性问题,必须始终把解决好"三农"问题作为全党工作重中之重。要求坚持农业农村优先发展,按照产业兴旺、生态宜居、乡风文明、治理有效、生活富裕的总要求,建立健全城乡融合发展体制机制和政策体系,加快推进农业农村现代化。

2018年1月,中共中央、国务院印发《中共中央国务院关于实施乡村振兴战略的意见》,着眼新时代实施乡村振兴战略的重大意义和总体要求、乡村振兴的重点任务、乡村振兴的保障措施、强调坚持和完善党对"三农"工作的领导并做出全面部署。意见指出,实施乡村振兴战略,是解决人民日益增长的美好生活需要和不平衡不充分的发展之间矛盾的必然要求,是实现"两个一百年"奋斗目标的必然要求,是实现

[①] 引自《邓小平文选》第三卷,人民出版社1993年版,第155页。

全体人民共同富裕的必然要求。

2018年9月,中共中央、国务院印发《乡村振兴战略规划(2018—2022年)》,对实施乡村振兴战略做出阶段性谋划,分别明确至2020年全面建成小康社会和2022年召开党的二十大时的目标任务,细化实化工作重点和政策措施,部署重大工程、重大计划、重大行动,确保乡村振兴战略落实落地,是指导各地区各部门分类有序推进乡村振兴的重要依据。

从确立实施乡村振兴战略,到用钉钉子精神扎实推动实施乡村振兴战略的具体部署,党和国家的顶层设计与责任落实有着科学的相对完善的制度保障。我们可以相信:在改革中不断完善的制度供给是中国经济社会现代化最可选择的"关键一招"和"后来居上"的龙头支撑因素,而具有公共品性质的"制度",需要政府发挥强有力的作用来加强其有效供给,达到有效市场和有为、有限政府的良性结合。制度与行为联通机制的优化再造,经济发展中整个动力体系的转型升级,决定着中国国家治理的现代化与潜力、活力释放。通过攻坚克难制度变革,来保障科学技术"第一生产力"的潜力释放、实体经济"升级版"的实现,中国一定能够以"追赶—赶超"进程,跨越横亘于前的"中等收入陷阱"这道坎儿!

当年小岗村的故事得以发生的情景早已远去了,但那18个红手印所体现的变革精神,以及小岗村在解决温饱问题后曾长期在温饱线附近徘徊的"温饱陷阱"现象,同样让人思考良多。如今,中国的最高领导人仍然经常去那里走走看看,和当地的老百姓拉拉家常,叙叙旧,听听他们对中国农村改革的意见和看法。我相信这体现了从这个农村改革的"发源地"再出发，不断改革不断前进的智慧。

在红手印契约故事发生38年后的2016年，曾经有名的"讨饭村"小岗早已发生翻天覆地的变化。那个春天，清风拂面，麦浪滚滚。习近平总书记来到小岗村，他说："小岗梦也是广大农民的梦。""今天在这里重温改革，就是要坚持党的基本路线一百年不动摇，改革开放不停步，续写新的篇章。"[1]

传承发展提升中华农耕文明

根据历史记载和考古发现，早在商周时代，中国农业生产方式就已趋成熟，支撑着大一统的中央集权制国家。以后的汉唐盛世，对匈奴等强悍的北方民族也能实施有效的抵挡和打击。此后，建立在农业文明支撑基础上的中国文化结构却似乎丢失了先祖的智慧与大气，充满了因循和保守思想，社会发展因而在兴旺、衰退、崩溃、重建的周期里循环。

也或许，这一切只是时光老人大智若愚的安排。若非如此，经历了或辉煌、或平淡、或屈辱的历史长河，中华民族何以依然能够拥有传承数千年的语言、文字、典籍、耕作智慧、制度、礼仪、医术等等，成为当今地球上数千年来唯一没有间断的文明国家。而我们的文明是建立在源远流长的农

---

[1] 引自《习近平考察小岗村 重温中国改革历程》，来源于新华网：http://www.xinhuanet.com/politics/2016-04/25/c_1118732259.htm，发布日期：2016年04月25日，引用日期：2020年3月3日。

耕文化基础上的。

在古代长期的农耕文明发展过程中,产生了四季、二十四节气、七十二候等服务于农业生产的节气知识。一首二十四节气歌"春雨惊春清谷天,夏满芒夏暑相连。秋处露秋寒霜降,冬雪雪冬小大寒"已成为小学生必背的传统民谣。其所对应的是中国一年中的二十四个节气,是智慧的中国古代老百姓通过对自然与生活的细心观察,根据太阳在黄道上的位置划分的。相邻两个节气约隔15天。为了便于记忆,人们编出了二十四节气歌。农民要按照二十四节气的变换来安排生活,指导农业生产。农业生产过程在农民那里并不是随意进行的,而是要特别关注自然物候、四季更替、气候变化和日月星辰的位置移动,农业生产要跟农时、季节对应起来。2016年11月,中国二十四节气列入了联合国教科文组织人类非物质文化遗产代表作名录。

农民都会用一些朴实的话语把这种节气与生产的对应关系总结出来,世代流传,这就是中国的农业谚语。如"春插时、夏插刻、春争日、夏争时""过了惊蛰节,春耕无停歇""六月不热,五谷不结""腊月大雪半尺厚,麦子还嫌被不够""遭了寒露风,收成一场空""要想多打粮,包谷绿豆种两样""种种甘薯种种稻,产量年年高"等等。这些朴素的民谣农谚反映了深刻的农学规律。

中国的农耕智慧远远不止于体现在民谣农谚上。在农业科学技术理论方面,见于著录的古代中国文献就有近四百种,是世界上保存古代农书最多的国家,《夏小正》《氾胜之书》

《齐民要术》《农政全书》《天工开物》等是代表性著作。其中，《夏小正》为中国现存最早的科学文献之一，也是中国现存最早的一部农事历书，它把天象、物候、农事活动联系在一起，奠定了传统农业生产循环观的思想框架。

作为中国人，如果从小耳濡目染地了解中华农耕文明的点点滴滴智慧，并不觉得有什么神奇，只觉得本该如此而已。而一个西方人100多年前对中国农业考察之后，却惊叹东方农耕术更专业更智慧，其出于真诚的赞美之词应可使大多数中国人，特别是那些鄙薄祖先的国人，转回头来以尊敬的心态再好好地端详一下中华传统文化。

1909年，时任美国农业部土壤局局长、威斯康星大学教授的富兰克林·H.金，携妻子远涉重洋游历中国、日本和朝鲜半岛，考察了几个东亚国家古老的农耕体系，并对整个游历过程进行了详细记录和反思，写了一本《四千年农夫》的书，这本书在西方社会引起了强烈反响，由此开始了对东方农业发展的关注，和对西方农业发展方式的反思。

由于担任美国农业部土壤局局长的职务，他很了解美国在不到百余年时间的垦殖之后，土地似乎已穷尽了地力。而中国农耕历经四千余年，土壤肥沃依旧，能够养活数倍于美国的人口。这使他认定东方农耕术是世界上最优秀的农业技术，东方农民是勤劳智慧的生物学家。

作为一名具有专业素质的农业旅行家，他在书中这样写道：

几乎每一尺土地都被用来种植作物以提供食物、燃料和织物。每一种可以食用的东西都被认为是人类或畜禽的食物。而不能吃或者不能穿的东西则被用作燃料。生物体的排泄物、燃料燃烧之后的灰烬以及破损的布料都回到土里。在处理这些废物之前，人们封装这些废物以免风化，凭借智慧，在1—6个月时间内，将废弃物变成最有效的肥料。事实上，相比其他国家，这些国家的土壤要更深、更肥沃和持久。这些劳动人民认为，多付出一份努力就能多一份回报，雨天和酷暑并不能阻挡或推迟他们劳作。这似乎已经成为一条金科玉律，或者简单地说，是劳动人民的常识。①

富兰克林·H.金在他的著作中这样评价中国农民：中国人像是整个生态平衡里的一环。这个循环就是人和"土"的循环。人从土里出生，食物取之于土，泻物还之于土，一生结束，又回到土地。一代又一代，周而复始。靠着这个自然循环，人类在这块土地上生活了五千年，人成为这个循环的一部分。因而，他总结道："他们的农业不是和土地对立的农业，而是和谐的农业。"

应该说，他对中国乃至东亚农业耕作的观察和描述是真实的、细致的，甚至有一些深刻见解。通过他的著作，中国农业思想在近代面向世界做了一次展示，让世界深入了解和认识了中国农业发展的成果，并展示了解决世界农业问题的

---

① 富兰克林·H.金著，程存旺、石嫣译：《四千年农夫》，东方出版社2011年版，第8页。

中国思路。

可是，前些年有一些中国学者却看不到或者故意无视我们自己的"财富"与长处，只是一味地以别人的标准来度量我们的发展步伐，欠缺起码的文化自信和文化自觉。

2012年5月中旬，笔者读到一份某中心的研究成果《中国现代化报告2012：农业现代化研究》。这份报告说，农业现代化已经成为中国现代化的一块短板，截至2008年，中国农业经济水平比美国落后约100年。说实话，读了这个新闻，既感到震惊，也感觉反感。不要说我们是5000年的文明古国，源远流长的生态农业让西方人都要学习吸收，就说现实中我们以全世界9%的耕地养活20%的人口（当时公认的数据分别是10%和22%），就是非常了不起的，再说我们也有许多独特的农业成就，如何就能够截然得出中国农业落后100年的结论？于是，笔者以《晚了100年，未必落后100年》为题批驳了这个报告。以下是这篇文章的部分内容：

近日，《中国现代化报告2012：农业现代化研究》指出，农业现代化已经成为中国现代化的一块短板，截至2008年，中国农业经济水平比美国落后约100年。中国农业现代化起步大致时间是1880年左右，比发达国家晚了100年。同时，如果以农业增加值比例、农业劳动力比例和农业劳动生产率三项指标计算的话，2008年的中国农业水平与英国相差约150年，与美国相差108年，与韩国差36年，日本和法国是中国的100多倍，巴西都比中国高。

笔者认为，由于农业现代化起步时间与西方发达国家相差太多，与发达国家相比，我国的农业经济，无论在速度上、规模上，还是在效益上，与世界现代农业的确还有很大的差距，我国的农业现代化建设道路还十分艰巨，但是否能够用同一的指标体系来衡量发展相差多少年，恐怕值得商榷。

什么是现代化？可能有多种解释，多个标准。但现代化的本质是人的解放，是更美好的生活，而农业现代化，是传统农业向现代农业的转变过程。没有农业的现代化，就没有国家的现代化。但中国的农业现代化道路，必然带有中国国情的独特印记。人多地少、资源短缺、经济欠发达、发展不平衡的现实，决定了我们既不可能照搬国外，也不可能一个模式齐步走。先进与落后，集约与粗放，开放与闭塞，甚至幸福与煎熬，往往同时呈现在乡村大地。因此，"落后100年"的判断未必是找准了中国特色农业现代化的最佳参照体系。①

这篇文章也有非所宜之处，但笔锋直指报告结论的偏颇之处，还是得到了不少的关注。

200余年前，拿破仑说过，中国是一头沉睡的狮子，当这头睡狮醒来时，世界都会为之发抖。

戊戌变法失败后，英国人赫德这样评说中国：当这个古老的国家偶尔醒来时，西方人十分震惊，以为这个庞然大物终于要发威了。可是，只见他揉了揉眼睛，抽了一袋烟，喝了两口茶，连打三个哈欠，摊开四肢，闭眼，侧身……又睡

---

① 徐恒杰：《晚了100年，未必落后100年》，载《农民日报》2012年5月19日第3版。

着了!

2014年3月,巴黎,中国国家主席习近平在中法建交50周年纪念大会上宣告:"中国这头狮子已经醒了,但这是一只和平的、可亲的、文明的狮子。""实现中国梦,给世界带来的是机遇不是威胁,是和平不是动荡,是进步不是倒退。"

正如美国那位金部长在111年前所感悟的,中国的农业"不是和土地对立的农业,而是和谐的农业",建立在农耕文明基础上的中国人的人生观和世界观的基本理念是"和而不同""求同存异"。即使过去180年间,中国经受过列强的无数欺侮,可是当我们打开国门在全球化的浪潮中发展起来的时候,我们带给世界的却是更好的发展机遇,而不打算与任何国家为敌。

当然,无论如何,这只醒来的狮子须是自信的,脚踏在祖先耕耘过的每一寸土地上,依然感受得到一代又一代中国人自强不息厚德载物的浩然之气与文化自信。

为着这样的文化自信,我们需要传承发展提升中华农耕文明。

办好农村的事情,实现乡村振兴,关键在党

19世纪中叶以来中华民族的命运演变告诉我们,中国的"三农"问题是贯穿国家和民族复兴之路和现代化进程的基本问题。它关系到中国的工业化、城镇化、乡村振兴、共同富

裕、可持续发展、文明传承等一系列中国经济社会发展的重大问题。中国的现代化进程，实质上主要是"三农"问题的解决过程。

1

自1921年起，在中国共产党的领导下，广大农民逐步成为民主革命的主体，积极参与了农村包围城市的革命战争，为推翻三座大山、成立新中国作出了突出贡献。

新中国成立之初，开国领袖毛泽东领导党和人民在全国范围内开展土地改革和农业社会主义改造之后，逐步完成对手工业和资本主义工商业的社会主义改造，从而为社会主义制度的初步建立奠定了基础。

1978年党的十一届三中全会后，邓小平以巨大的勇气推行了党和国家的改革开放。也正是农村改革所带来的巨大活力和示范作用，使中国全面改革获得了坚实的基础，并以持续的发展和繁荣重塑了民族自信。

1992年12月，江泽民总书记在武汉主持召开湖北、湖南、江西、安徽、河南、四川六省农业和农村工作座谈会，在讲话中强调，要牢固树立农业是基础的思想，切实加强农业和农村工作。他指出，农业是国民经济的基础，农村稳定是整个社会稳定的基础，农民问题始终是中国革命、建设、改革的根本问题。这是我们党从长期实践中确立的处理农业、农村、农民问题的重要指导思想。必须坚持不懈地把它贯穿于中国社会主义现代化建设的全过程，决不能有丝毫动摇。

2002年11月召开的新世纪首次全国党代会——党的十六大明确提出要优化"低水平的、不全面的、发展很不平衡的小康"，要全面建设小康社会。2003年1月举行的中央农村工作会议上，胡锦涛总书记讲话中首次明确提出，把解决好农业、农村、农民问题作为全党工作的重中之重。全面建设小康社会，必须统筹城乡经济社会发展，更多地关注农村，关心农民，支持农业，努力开创农业和农村工作的新局面。

可以说，"三农"问题解决之日，就是中国现代化和民族复兴实现之时。

2

马克思通过研究社会发展史，曾精辟地指出："人们奋斗的一切，都与他们的利益相关。"1917年俄国十月革命时，列宁领导的布尔什维克根据人民停止战争、获得土地和面包的切身利益要求，提出了《和平法令》《土地法令》，几天之内就在万众欢呼声中夺取了全国政权。

中国共产党能够在20多年的革命战争中从小至大，动员起广大工农群众特别是占人口多数的贫苦农民浴血奋战，恰恰也是由于满足了他们的切身利益。"打土豪、分田地""保家保田、保卫胜利果实"这些朴素的口号，反映出广大农民最迫切的要求，就此能使这些自然经济下的小私有者团结在共产党的旗帜下，在古老的神州大地上书写下无数可歌可泣的革命篇章。

随着新中国成立，鉴于新生的共和国面临的恶劣的国际环境，国家优先考虑发展国防工业，农业成为发展工业和城市建设的重要积累来源。保护农民利益和积极性成为第二位的事情。

据《杜润生自述》记载，1950年初，杜润生列席了由毛泽东主席主持的中央会议。这次会议，先讨论婚姻法草稿，后讨论土改问题。当时有一位老同志讲到土改中要注意教育农民节约，分田后大吃大喝不好，应该防止。毛主席插话："千年受苦，一旦翻身，高兴之余，吃喝一次，在所难免，此后注意就是了。"此话既讲理、又讲情，给杜润生留下了难忘的印象，感觉毛泽东主席很平易近人，很和气，注意听取别人意见，具有既坚持原则，又从善如流的大政治家风度。

随后几年的情况，伴随抗美援朝开始的农业和手工业的社会主义改造，农民的处境有所退步。1953年9月，梁漱溟在政协常委扩大会上发言，其中有这么一段话："过去20年的革命全在于发动农民、依靠农民。革命所以成功在此，而农民在革命中亦有成长，但进入城市后，工作重点转移到城市。……一切较好干部都来做城市工作……今建设重点在工业，精神所注更在此。生活之差，工人九天，农民九地。农民往城里跑，不许他跑。人力财力集中城市，虽不说遗弃吧，恐多少有点。然而农民就是人民，人民就是农民……"

在此后20多年间"一大二公"体制下，农民用出工不出力的形式主义来应付相关政策。最后，虽然在工业化和重点领域也取得了难得的成就，但整体国民经济和农民利益都处于极度贫困的窘境。

当然，谁也不能否认，当时的政策还是有考虑农民利益的。举例来说，1965年全国140多万名卫生技术人员中，70%在大城市，20%在县城，只有10%在农村；高级医务人员80%在城市；医疗经费的使用农村只占25%，城市则占去了75%。了解到这些情况后，1965年6月，毛主席批评道："如果卫生部只给全国人口15%的城市人口工作，改称城市老爷卫生部好了。"卫生部接受批评，在全国农村建立了赤脚医生和巡回医疗制度。到1975年底，全国有赤脚医生150多万名，生产队的卫生员、接生员390多万名。全国城市和解放军医务人员先后有110多万人次下农村巡回医疗，有十几万城市医务人员在农村安家落户。

改革开放之初，1979年7月，邓小平谈到社会主义要发展生产力的话题时指出，搞现代化就是要加快步伐，搞富的社会主义，不是搞穷的社会主义。社会主义优越于资本主义，是最大的阶级斗争。有的人说社会主义不如西方好，如果那样，这是什么社会主义？是"四人帮"的社会主义。生产力不发展，有什么社会主义优越性？

从农村开始的改革开放，实行责任制，允许一部分人一部分地区先富起来，终于扭转了局面，开创了中国特色的社会主义道路。

从站起来到富起来、强起来，每一步路都不易。今天的美好生活值得每一位国民好好珍惜，并不断开拓更美好的未来。

3

党的十八大以来，以习近平同志为核心的党中央，坚持以人民对美好生活的向往为奋斗目标，高度重视、热忱推动解决事关全局发展的"三农"问题。

2012年12月，习近平总书记在中央经济工作会议上的讲话强调，把解决好"三农"问题作为全党工作重中之重，是我们党执政兴国的重要经验，必须长期坚持、毫不动摇。

2013年12月，习近平总书记在中央农村工作会议上的讲话强调，小康不小康，关键看老乡。一定要看到，农业还是"四化同步"的短腿，农村还是全面建成小康社会的短板。中国要强，农业必须强；中国要美，农村必须美；中国要富，农民必须富。农业基础稳固，农村和谐稳定，农民安居乐业，整个大局就有保障，各项工作都会比较主动。

2015年7月，习近平总书记在吉林调研时讲话指出，任何时候都不能忽视农业、忘记农民、淡漠农村。必须始终坚持强农惠农富农政策不减弱、推进农村全面小康不松劲，在认识的高度、重视的程度、投入的力度上保持好势头。

2016年4月，习近平总书记在农村改革座谈会上的讲话强调，办好农村的事情，关键在党。党管农村工作是我们的传统。这个传统不能丢。各级党委要加强对"三农"工作的领导，各级领导干部都要重视"三农"工作，多到农村去走一走、多到农民家里去看一看，了解农民诉求和期盼，化解农村社会矛盾，真心实意帮助农民解决生产生活中的实际问题，做广大农民贴心人。

2017年12月，习近平总书记在中央农村工作会议上讲话指出，办好农村的事情，实现乡村振兴，关键在党。必须提高党把方向、谋大局、定政策、促改革的能力和定力，确保党始终总揽全局、协调各方，提高新时代党全面领导农村工作能力和水平。

2018年4月，习近平总书记在湖北考察时说，乡村振兴不是坐享其成，等不来，也送不来，要靠广大农民奋斗。村党支部要成为帮助农民致富、维护农村稳定、推进乡村振兴的坚强战斗堡垒。

2018年9月，习近平总书记在十九届中央政治局第八次集体学习时讲话强调，实施乡村振兴战略，各级党委和党组织必须加强领导，汇聚起全党上下、社会各方的强大力量。要把好乡村振兴战略的政治方向，坚持农村土地集体所有制性质，发展新型集体经济，走共同富裕道路。要充分发挥好乡村党组织的作用，把乡村党组织建设好，把领导班子建设强，弱的村要靠好的党支部带领打开局面，富的村要靠好的党支部带领再上一层楼。人才振兴是乡村振兴的基础，要创新乡村人才工作体制机制，充分激发乡村现有人才活力，把更多城市人才引向乡村创新创业。

2020年1月，习近平总书记走进云南佤寨访民生贺新春时，对乡亲们说："你们这里已经实现脱贫并正向新的发展目标努力迈进，这个过程也和我们国家一样，全面建成小康社会之后要全面推进乡村振兴，进一步解决城乡发展不平衡、空壳村等问题，发展乡村产业，振兴乡村经济，让更多乡亲就地就近就业，不断增加收入、改善民生。"①

4

在全面建成小康社会的基础上，分两步走在本世纪中叶建成富强民主文明和谐美丽的社会主义现代化强国，关键的衡量指标除了人均GDP数据外，反映收入差距的基尼系数也很重要。

诺贝尔经济学奖得主西蒙·库兹涅茨曾提出，一国的收入差距与经济发展呈倒U形关系，即在经济发展的初期阶段，收入不平等状况会逐渐加剧；当经济发展到一定水平以后，收入差距会逐渐缩小。经济发展与收入分配的这一关系，也被称为"库兹涅茨曲线"。

中国改革开放40余年来的发展实践曾经见证了"库兹涅茨曲线"的前半部分，即经济发展带来收入差距的持续扩大，也看到了逆转的趋势。因为，收入差距的持续扩大引起中央的高度重视和社会各界的极大关注。随着中国经济发展阶段的变化，随着中央调整收入分配关系举措的不断推出，中国已经迎来收入差距变化的转折点，而且这一转折已经比较稳定，在进一步的改革和政策措施支持下，城乡一体化均衡发

---

① 引自《特写：阿佤人民唱新歌——习近平走进云南佤寨访民生贺新春》，来源于新华网：http://www.xinhuanet.com/politics/leaders/2020-01/22/c_1125494910.htm，发布日期：2020年1月22日，引用日期：2020年3月10日。

展的格局终究会到来。

据有关专家研究,中国收入差距约50%来自城乡之间的差距,城乡差距的走向对整体收入差距的变动起着决定性作用。国家统计局的统计数据显示,中国城乡之间的收入比最近十余年持续下降,从2009年的3.33下降到2010年的3.23,进一步下降到2011年的3.13……2019年下降到2.73。城乡收入比下降的背后,是农村居民人均纯收入实际增速连续较大幅度超过城市居民收入增速:2010年为10.9%,是新世纪以来农村居民纯收入增长速度首次超过城镇居民可支配收入增长速度;2011年为11.4%,显著地快于城镇居民收入8.4%左右的增长……2018年为9.2%,还是快于城镇居民收入7.6%的增幅;2019年为10.1%,

▲ 田野中国梦。(大国"三农"图片库 供图)

仍然快于城镇居民收入7.8%的增幅，城乡居民收入差距缩小的态势还在继续。

从打赢脱贫攻坚战到全面实施乡村振兴战略，一以贯之的工作是持续快速提高收入较低的农民的收入水平，弥补农村发展的短板。期望各地在后全面小康社会的进一步发展建设中，抓住提高收入水平的牛鼻子，能把改革创新的精神很好地运用到实施乡村振兴的伟大实践之中。

改革开放以来，各个时期都出现过改革创新的弄潮儿。比如步鑫生，是党的十一届三中全会后以改革先行者而闻名全国的新闻人物，他以敢为人先的精神，解放思想，大胆改革，在企业里推行了一套独特的经营管理办法，在使一个地方小厂的衬衫产品畅销上海、北京、广州等大城市的同时，为城市改革起步发挥了强烈的示范带动作用。步鑫生的改革实绩，曾经是无数企业经营者的一堂生动的市场经济启蒙课。他的改革事迹至今都有借鉴意义。

"改革未有穷期，创新正当其时。"这是步鑫生前辈生前于2013年接受笔者采访时，谈到他当时练习书法中最喜欢书写的内容，他说这12个字正体现了他对国家进一步改革发展的希望。

在本书的结尾，笔者把这句话作为结束语送给本书的读者，期望我们大家以饱满的改革创新的精神，参与和见证后全面小康时代的伟大斗争、伟大实践，为迎来党和国家第二个百年目标的实现而做出积极的努力。相信同全国人民一样，亿万农民一定能够过上更殷实、更幸福的生活！中华民族伟大复兴的中国梦定会如期实现！

参考书目

马克思、恩格斯著，中共中央马恩列斯著作编译局编译：《共产党宣言》，人民出版社2014年版。

马克思著，孙绍武编译：《资本论》，远方出版社2011年版。

亚当·斯密著，郭大力、王亚南译：《国富论》，译林出版社2013年版。

富兰克林·H.金著，程存旺、石嫣译：《四千年农夫》，东方出版社2011年版。

康有为：《大同书》，中国人民大学出版社2010年版。

管仲：《管子》，北京联合出版公司2017年版。

梁漱溟：《中国文化的命运》，中信出版社2016年版。

毛泽东：《毛泽东选集》，人民出版社1952年版。

习近平：《摆脱贫困》，福建人民出版社1992年版。

习近平：《之江新语》，浙江人民出版社2013年版。

习近平：《习近平谈治国理政》，外文出版社2018年版。

中共中央党史和文献研究院：《习近平扶贫论述摘编》，中央文献出版社2018年版。

中共中央党史和文献研究院：《习近平关于"三农"工作论述摘编》，中央文献出版社2019年版。

中央党校采访实录编辑室：《习近平的七年知青岁月》，

中共中央党校出版社2017年版。

杜虹:《20世纪中国农民问题》,中国社会出版社1998年版。

侯永禄:《农民日记》,中国青年出版社2006年版。

席虎榜:《账本里的中国故事》,三晋出版社2019年版。

杨凤城:《中国共产党历史》,中国人民大学出版社2010年版。

杨胜群、陈晋:《中共党史重大事件述实》,人民出版社2008年版。

中共中央文献研究室:《毛泽东思想形成与发展大事记》,中央文献出版社2011年版。

中共中央文献研究室:《中国特色社会主义理论体系形成与发展大事记》,中央文献出版社2011年版。

杜润生:《杜润生自述:中国农村体制变革重大决策纪实》,人民出版社2005年版。

张敬东:《杜润生他们》,中国国际文化出版社2010年版。

李锦:《大转折的瞬间:目击中国农村改革》,湖南人民出版社2000年版。

顾益康:《顾益康集》,浙江人民出版社2011年版。

张红宇、赵长保:《中国农业政策的基本框架》,中国财政经济出版社2009年版。

程国强:《WTO农业规则与中国农业发展》,中国经济出版社2000年版。

贾康、苏京春:《中国的坎》,中信出版集团2016年版。

徐焰：《解放军为什么能赢》，广东经济出版社2012年版。

唐园结、孙林：《求解重中之重》，中国农业出版社2016年版。

何兰生：《乡愁中国》，人民日报出版社2015年版。

曾业松：《改革发展看县市》，人民出版社2015年版。

赵泽琨：《行进中的中国乡村》，人民出版社2018年版。

夏树：《乡村聚焦》，光明日报出版社2008年版。

后 记

打赢脱贫攻坚战，全面建成小康社会，可以说是完成伟人邓小平的"小康社会"命题，实现中国共产党的第一个百年目标，对中国来说是具有伟大历史意义的大事。

这本书试图完成1978至2020年，中国以全面消除绝对贫困、提前实现联合国可持续发展议程的减贫目标为标志的全面建成小康社会这一宏大历史述事。

以我个人的工作经历和研究范围来说，虽然自认为能够厘清这一命题的脉络，但却从未想过尝试完成这样的任务。之所以有缘做了这么一件有重要意义的事情，起因于重庆出版集团对本书的策划，而其在北京挂职的别必亮副总编碰巧读过我前几年出版的评论集《三农问题沉思录》。蒙别总不弃，认为我是合适的执笔人选，并代表集团发出邀约，希望我能够接受这个重要的课题。

我没有想太多，就接受了这个具有挑战性的事儿。一来是觉得这个策划具有家国情怀，很有意义；二来是觉得这个以"小"字开头的关键词的命题，其实是一篇大文章，自己内心很愿意去尝试。

说实话，一旦开始着手这件事，就知道非常不简单。要形成本书谋篇布局的逻辑与结构，首先需要研读一些专业书籍和文献；形成思路与纲要之后，要把文章内容写得清晰与可读，又需要阅读更多的历史、文献、传记等方面的书籍。所以，我用比写作更长的时间来读书。划定基本的参考书目后，涉猎了30余部或库存或购买或借来的书籍，重点读了《毛泽东思想形成与发展大事记》《中国特色社会主义理论体系形成与发展大事记》《杜润生自述：中国农村体制改革重大决策纪实》《读懂中国农业农村农民》《习近平的七年知青岁月》《中国的坎：如何跨越中等收入陷阱》《求解重中之重》等书。

还在读书阶段，我带着几本书回老家山西过年期间，发生了众所周知的新型冠状病毒肺炎疫情。返京后，在隔离期间我正好加紧读书和着手开始写作。隔离结束后，我继续把自己从家里"隔离"出来，在业余时间不分昼夜地随着思路与灵感不断敲击键盘，直到自认为较满意地完成全书内容。

本书主体内容，以改革开放之初的政策红利与大范围扶贫成果、三步走战略实施初期的扶贫攻坚、重中之重战略定位初期的扶贫成果、十八大以来的精准扶贫与脱贫攻坚为四大板块。本书的写作，力图以经济社会的不断繁荣富强与国家综合实力不断提升为述事背景，以中国共产党引领国家发展的顶层设计、支撑发展现实的基层实践、百姓的诉求与呼声这三者互动演进不断深化的历史脉络为主线来展开内容。本书内容风格，注重政策法规数据出处的权威性、时效性，追求相关阐释的口语化，事件与人物描述的故事化、镜像化。

由于时间仓促和本人水平所限，虽然我用心尽力去做好每一章节、每一细节，但本书一定还会有不少不到位或不准确之处，希望有方家不吝赐教和指正。

在本书终于要定稿付梓之际，作为仍然沉浸在对历史变迁的怀想中的本书作者，我要表达对改革开放之初提出"小康社会"这一珍贵命题的伟大前辈——邓小平同志的深深敬意。因为，改革开放是要从过去"一大二公"的极"左"状态中解放出来，把全党全国工作重心转移到经济建设上来，需要树立起一个有别于"一大二公"时期的发展目标。而这个"小康社会"的目标，找到了产生于西方的共产主义理想与中国本土千年大同梦的最佳结合点，找到了中国共产党的远大目标与百姓生活改善的最大公约数，可亲、可敬、可行，最好地体现了实事求是与思想解放。

沿着建设小康社会这条路，党中央带领全党和全国人民从实现总体小康，走到实现全面小康；从确定中国长期处于社会主义初级阶段的理性定位，到作出"把解决好农业、农村、农民问题作为全党工作的重中之重"的重大部署；从打赢脱贫攻坚战到实施乡村振兴战略，切实推进"四化同步"发展，中国特色社会主义道路走出了通衢之感，中华民族伟大复兴的中国梦得以越来越接近于实现。

当然，"其作始也简，其将毕也必巨"。建设小康社会如此，实现中华民族伟大复兴更是如此。由此我更体会到以习近平总书记为核心的党中央，带领全党全国人民不断应对各种挑战，坚定走好新时代中国特色社会主义道路之可贵与可敬。期望经过罕见的疫情考验的中国，接下来一切顺利！

最后，我要感谢我供职近33年的农民日报社，使我有许多为"三农""鼓"与"呼"的机会。感谢这些年来众多的领导和同事对我的指导和支持。《农民日报》是伴随改革开放而创办的面向广大农村的党报，今年适逢创刊40周年。《农民日报》有非常好的编辑记者队伍，在统筹城乡发展促进乡村振兴的今天，祝愿《农民日报》得到更好的发展和更多的关注，发挥更大的作用。

  感谢重庆出版集团各位老师在编辑出版本书过程中的积极努力；感谢我的家人在我写作期间对我的包容与支持；也对其他指导和帮助过本书出版的领导、老师、朋友，表示由衷的敬意和感谢！

2020年4月于北京